到

明朝

打卡
生活

徐德亮

主编

王颖　著

中国纺织出版社有限公司

内 容 提 要

《到明朝打卡生活》是"课本来不及告诉你的古代史"丛书之一，以轻松活泼的叙述方式，描述了明朝时期的民间社会生活百态。全书生动地展现明朝人的日常饮食、防暑保暖、交通、住房、职业、旅游、文体活动，等等，像是一幅文字版的"清明上河图"。明朝民间的生活到底是什么样的，有哪些特殊的风俗习惯，现代人对明朝人生活的好奇，将在书中一一得到解答。同时，书中配有多幅精美的插图，生动再现明朝人的日常生活面貌。

"课本来不及告诉你的古代史"丛书，囊括了中国历史上各个时期的百姓日常生活史，由历史学领域的资深写作者执笔，以正史为蓝底，以幽默生趣、易于阅读的讲史方式，还原各个朝代的不同社会风貌，生动呈现中国古代百姓生活的变迁和传承。

图书在版编目（CIP）数据

到明朝打卡生活 / 王颖著. --北京：中国纺织出版社有限公司，2021.7
（课本来不及告诉你的古代史 / 徐德亮主编）
ISBN 978-7-5180-8588-0

Ⅰ.①到… Ⅱ.①王… Ⅲ.①中国历史－明代－通俗读物 Ⅳ.①K248.09

中国版本图书馆CIP数据核字（2021）第098239号

策划编辑：李满意　胡　明　　　责任编辑：张　强
责任校对：王蕙莹　　　　　　　　责任印制：王艳丽

中国纺织出版社有限公司出版发行
地址：北京市朝阳区百子湾东里A407号楼　邮政编码：100124
销售电话：010 - 67004422　传真：010 - 87155801
http://www.c-textilep.com
中国纺织出版社天猫旗舰店
官方微博http://weibo.com/2119887771
北京华联印刷有限公司印刷　各地新华书店经销
2021年7月第1版第1次印刷
开本：880mm×1230mm　1 / 32　印张：8.5
字数：124千字　定价：68.00元

凡购本书，如有缺页、倒页、脱页，由本社图书营销中心调换

序　言

千古精神如对越，一灯风雨正相忘

　　"一时三守邑多贤，佳报先从海上传。直谏曾惊他日震，清修应比此山泉。凤凰仪羽非无地，黍稷馨香是有年。五马双旌元贵重，朝廷异数况高悬。"

　　这是一首明人描写泉州繁华盛景的诗句，泉州之繁华，全仰赖于海外贸易，当时中国、日本、朝鲜、吕宋乃至于欧洲商人麇集泉州，贩丝绸、贩瓷器、贩茶叶，中外货物得以在此流通，中外文化也因此得以交流。

　　数百年后，如果不是有这样的诗句传世，我们后人可能真的会以为大明帝国就像古书写的那样，自郑和下西洋后便闭关锁国、封关禁海，大明海疆除了有倭寇扰攘之外，便是一片凄冷寂寞。

其实，真实的历史一直是有两面的，一面是宏观叙事下的大历史，那里有天下的分分合合、王朝的兴衰荣辱，另一面则隐藏在大历史之下，那里是普通百姓的衣食住行、工学礼乐。你可能已经看过许多大历史，那么，何不让我们换个视角，用显微镜看一看古代百姓是怎样生活的呢？

了解大明百姓的生活，当然要从衣食住行开始。我们搜寻各种史料笔记，带领读者去看一看明朝百姓都吃怎样的食物，住怎样的屋子，穿怎样的衣服，起床之后怎样梳洗等等，带领读者去了解什么是"新买茱萸半亩堂，苔侵床足月侵墙"，什么叫"却说故人禅灶冷，为烹一尺鳜鱼肥"。

在明代，除了从政、经商、务农、当兵这些常见职业之外，老百姓还能从事什么呢？你可能不知道明朝居然有类似"滴滴打人"这样的"雷人"职业，城管在明朝居然还承担着抓贼的职

能，乞讨在明朝是不被允许的……

明朝人还有很多"小秘密"，比如明朝人的"塑料普通话"、明朝一言难尽的户籍政策、明朝人典雅庄重的婚礼、明朝人丰富多样的娱乐活动等。

历史如大江东去永不回头，明朝二百七十六年如洪流一般滚滚奔逝，然而大浪溅起的每一滴浪花，却都是普通人平凡而精彩的一生。在大明王朝历史上的一个冬夜，一个仕途不顺却在文坛留下千古美名的大文人文征明写下了"千古精神如对越，一灯风雨正相忘"的诗句，仿佛在告诉我们，一个宏大的时代，最终化成了一页青史，在风雨之夜的孤灯下与我们重逢。

王　颖

2021年6月

明　谢环　《杏园雅集图》（局部）

目 录

第三章 住

第四章 行

目 录

第七章　礼

第八章　乐

第一章 衣

什么？在明朝
穿错衣服要杀头

　　"穿什么衣服"这件事放在现在的职场上，是颇有讲究和规矩的。什么样的职业穿什么样的衣服，这种讲究倒与明朝颇为相似。因为明朝人在穿衣服这个问题上，首先需要考虑的不是美观问题，而是合不合规范的问题。

　　在明朝之前，元朝统治了中原地区近一百年，人们的衣着服饰深受元代文化影响。为了消除这种影响，朱元璋建立大明后专门颁布了诏令，要恢复汉唐的衣冠制度，并从面料、样式、尺寸和颜色四个方面，对全国各种地位身份的人的衣着服饰做出了规定。律令规定推出后，朱元璋又在一些细节之处删删改改，最终在洪武二十六年推出了一套完整的服饰制度。

　　为了确保这套服饰制度能够有效施行下去，朱元璋还制定了一套处罚规定。在这种规制下，明朝人的穿衣风格与衣着样式也就确定了下来，在此后很长时间里，鲜有大的改变。

　　明代官吏的服饰主要有朝服、祭服、公服、常服和赐服。朝

朱元璋朝服图

服主要是麒麟袍，这种服装以大襟、斜领、宽袖为主要特征。明代太监刘若愚在《酌中志》中提到的"其制后襟不断，而两傍有摆，前襟两截，而下有马面褶，往两旁起"，说的就是这种服饰。

不同等级地位的官员，朝服的质料和纹饰也会有所不同，《明史·舆服志》中"其服色，一品斗牛，二品飞鱼，三品蟒，四、五品麒麟，六、七品虎、彪"，说的便是不同品级官员朝服上纹饰的区别。其中，斗牛、飞鱼和蟒的纹饰因与皇帝所穿的龙衮服颇为相似，本不属于品官官服，而是一种蒙恩特赏的服饰。能够获得这种赐服，可以算是极大的荣誉了。

相比于朝服，明代官吏更多时间会穿常服。"头戴乌纱帽，身穿团领衫，腰间束带"是官员们处理日常公务的主要行头。在常服长度上，文官与武官有不同的要求，文官的常服要"白领至裔，去地一寸，袖长过手"，而武官的常服则要"去地五寸，袖长过手七寸"。

除了对常服长度进行规定，服饰律令还规定了品官的衣料和纹样。品官的衣服，在用料上只能用杂色贮丝、绫罗和采绣；在颜色上不能使用玄、黄、紫三色；在纹样上不能织绣龙凤纹样。

如果出现有违反律令规定的情况，不仅官员会受到处罚，织染工人也同样要受到处罚。

就连在鄱阳湖大战中立下赫赫战功，帮助朱元璋夺取天下的开国功臣廖永忠，也因为穿了带有龙凤纹样的服饰，而被以"僭用龙凤"之罪处死。可见，在明朝如果穿错了衣服，即使有开国之功也是难逃一死的。

明朝官吏的常服虽然不能织绣龙凤，但还是可以绣一些别的纹样的。洪武二十五年（1392），明廷规定文武官员都要在袍服的胸前和后背缀一方补子，文官用飞禽，武官用走兽。这样一来，从练鹊到仙鹤，从海马到麒麟，人们靠补子纹样便可区分明朝官吏的品级。

这种衣服不仅官员们可以穿，平民百姓也是可以穿的，只不过平民百姓的服饰上没有补子，且在颜色上与官员的服饰有所不同。平民百姓的衣服必须要避开玄色、紫色、绿色、柳黄、姜黄及明黄等颜色，可以使用蓝色或赭色等颜色，这类衣服也被称为"杂色盘领衣"。

根据明朝服饰律令的规定，一些从事特定职业的百姓在着装上也有特别的要求。比如，开青楼的男子必须佩戴绿色巾帽，而在青楼工作的女子，则只能戴黑帽，穿黑色褙子。

相比于官吏和普通百姓，士人所穿服饰虽然也有严格的规定，但明显要更宽松自在一些。当时的儒生比较喜欢圆领大袖衫，道袍、直身和直缀等交领袍服也是士人的心头好。因为这些服饰整体上以宽松闲适为主，这也符合当时士人儒生的生活旨趣。

明朝男子穿衣风格被严格规定，女子自然也不会例外。

相比于普通女子，皇宫中女子的穿衣规范要更多一些。比如作为一国之母的皇后，其衣着服饰有"冠服"和"常服"两种，"冠服"为朝、祭之服，多在较为重大的场合穿着，洪武三年（1370）确定皇后礼服为九龙四凤冠、翟衣、黻领中单等；"常服"主要在各种日常礼仪场合穿着，洪武四年（1371）确定皇后常服为龙凤翠珠冠、真红大袖衣霞帔等。

　　明朝官员妻、母所穿的服饰也有"礼服"和"常服"两种，这些服饰的质料和华美程度都要比皇宫后妃略逊许多。

　　普通女子的服饰虽然在规格上没法与官员妻、母的服饰相比，但样式却颇多，衫、袄、霞帔、云肩、褙子、比甲和水田衣都是普通女子可以选择的服饰。这之中，"比甲"是一种直领对襟的服饰，很像褙子，但没有袖子，与现代的及膝马甲颇为相似。"水田衣"是用各种零星碎料拼接而成的长衣，因色彩不同的织料交错拼接形似水田而得名。现代服装设计中，一些设计师便是从水田衣中找到灵感，设计出了许多形式各样的拼接服装。

　　总体而言，明朝人的服饰延续了汉唐服装的风格，这与朝廷自上而下的推动有很大关系。但延续近百年的元代服饰文化也并不是说革除就能革除的，明朝人衣着服饰的很多方面依然有元代服饰文化的影子。

汉人不理发？
细数明朝的潮流发型

对于选择繁多的现代人来说，在休息日找位"托尼老师"，为自己设计一款潮流发型或换一个时尚发色，实在是件让人愉快的事情。

换个发型就能换种心情，坐在椅子前，我们心里也不禁感慨：还是现代好啊，古代人哪有这么多造型？可随即一想，不对呀，孔子有言"身体发肤受之父母"，那古人还不都是大长头发啊？头发一长，可选的发型不就更多了嘛！

留发的传统

确实，中国古代一直是有留长发的传统的。明朝第一大才子杨慎在云南躲灾的时候，声称在当地土官那里得到一卷神秘的汉朝古书——《汉杂事秘辛》，讲的是汉桓帝时女官对皇后的"身体检查"。

记录女官检查皇后头发这一项的时候，杨慎写道："伸鬐度发，如黝鬒可鉴。围手八盘，坠地加半握。"意思是，皇后的秀发乌黑亮泽，在手上能绕八圈，放下地，还多出半握来。按杨慎的说法，当时的皇后不过十几岁，头发居然能长到垂地的长度，实在是让人难以置信！

　　元朝以前，中国人几乎都是长发，而且从不进行修剪，因此才有桓帝皇后那种垂地长发。元朝建立，对头发的要求倒不是很严格，汉人仍旧留长发。后来，朱元璋推翻了元朝统治，多少恢复了唐宋时期的制度和习俗，头发也是如此。

明　夏葵　《婴戏图》

束发的礼仪

　　明朝男子的头发，儿童时期和成年之后大不相同。不过，大明子民在成年后不论男女都要束发，而不能散发。

　　儿童时期，男孩一般束发两结，也叫作"总角"，其形制相当于现代的两个丸子头。等到男孩成年行冠礼时，则会把头发束为发髻，再用网巾固定。那么"网巾"是何物呢？其实就是当时男子束发的装饰，类似一个软的网兜，是男子成年行冠礼的必备物件。在这一点上，明朝的平民和贵族一样，只是在网巾材质上有所不同。

　　说起明朝男子头戴网巾的风气，还是自明太祖朱元璋时期开始兴起的。

　　《七修类稿》记载，朱元璋在位时期曾经着微服到民间

游历，偶然看到一位道士正在灯下编制网巾，便问："此何物也？"

道士答："网巾。用以裹头，则万发俱齐。"

朱元璋听闻道士回答，认为"万发俱齐"与"万法俱齐"同音，可以表示"法束中原，四方平定"之意。这不仅代表着百姓发肤不受损害，还有着天下一统的含义。于是，朱元璋回宫后便召道士为官，并且自此将网巾作为当时男子成年之后的必备饰物。

男子戴网巾，那么女子又是怎么样的呢？女子在年幼时期与男子相同，也是总角发型。等到女孩成年要行及笄礼时，则要将头发盘起束成发髻。

明朝女子的发髻造型较多，不同时代、不同地域各有差别，例如明初经济发达的苏州地区曾盛行"牡丹头"，这种发型要求女子将发髻束得很高，甚至能达到六七寸高度，发髻用假发作为垫衬。由于发髻规格较大，梳这种发髻的女子，有时甚至无法抬头。"牡丹头"因为典雅、庄重，并带有炫富的成分，曾经风靡一时。

隆庆时，发髻不再以高为贵，而转为圆扁。当时流行的发髻为"挑心髻"，这种发型是将头发梳成扁圆形状，并在发髻的顶部用宝石制成的花朵装饰。

明朝中后期，戴"假髻"也开始成为一种时尚，假髻是一种用假发制作的发髻，戴在头上与真发髻并无二致。假髻在汉、晋时期就已出现，到了明朝则开始流行。

明朝文人张弼曾经在《假髻曲奉许天爵》中描绘女子束发日

常的景象："东家美人发委地，辛苦朝朝理高髻。西家美人发及肩，买妆假髻亦峨然。"从中可以看出当时女子偏爱高髻，也常以假髻为饰。

爱美的明朝女性经常用各种饰物装饰自己的发髻。明朝后宫，后妃喜欢将天然花与自制彩花作为装饰物戴在头上。崇祯皇帝的周皇后就喜欢在清晨将茉莉花摘下，再将其制成发簪佩戴。除了周皇后，后妃袁贵妃也经常自行剪花佩戴。与袁贵妃在后宫相处不错的田贵妃更是如此，经常戴着新式花博得皇帝喜爱。

除此之外，一些女眷还将叶片作为装饰别于发髻。到了春天，还有侍女将蝴蝶捉来戴在头上。这种风气也逐渐传至民间，民间也开始以戴花为流行首饰佩戴方法。

有的地区，女子在参加宴席之时，还会在发髻上戴满各式各样的金银玉石，有时候自己够不着，还会聘请专门的插带婆帮助她们进行梳妆。

不过这种梳妆方式有一项显而易见的缺点：宴席之时几乎无法上轿，到达宴席也要随时让随从注意头上的首饰是否完整。

随从们跟着小姐，要随时注意小姐的首饰，一会儿地上瞅瞅，一会儿小姐头上看看，唯恐少了一件，也是操碎了心。

护肤品一样不缺，
明朝人：我们精致着呢

看多了现代古装剧中的绝世美女，很多人对古代生出了憧憬和向往。可向往之余，人们也难免生出这样的疑问：在古代真的有这样的绝世容颜吗？如果有，他们是怎么保持干净卫生的？他们不会口臭，不会一脸粉刺，头发不会出油吗？

实际上，我们祖先关于清洁的意识确实是出现得比较早的。商周时期，中国人就已经开始系统的洗脸、洗手、沐浴了。根据出土于殷墟的甲骨文显示，当时已经有"浴""沐""澡""盥""洗"这类字眼了，这些字的含义虽与现在不尽相同，但确实都是对人身体的部位进行清洁之意。

清洁身体

最早的沐浴是作为一种礼仪活动存在的。皇帝在祭祀之前，大臣上朝之前，都要先去沐浴，表示自己内心虔诚。到了后来，沐浴逐渐演变为日常清洁礼仪。

汉朝时候，官员们甚至还有沐浴假期。根据当时的律法，官吏们每五天就有一次洗澡假，专门用来休息沐浴。再到后来，洗澡已经成为人们日常生活的一部分。宋朝时期商品经济发展较快，为了满足平民百姓清洁需要，出现了众多商业性的公共澡堂。

到了明朝，洗澡已经变成了一种文化，商业性的公共澡堂遍布大型城市。那时的澡堂被人们称为"混堂"，澡堂服务的对象不分权贵平民，各个阶层的人们"齐聚一堂"，享受搓背、剃头、修脚等一系列服务。

洗澡文化的繁荣，也促进了洗漱用品的发展。创作于明朝嘉靖年间的《本草纲目》中有这样一段记载："有无患子上捣烂，加白面和为在丸，每日取以洗面，去垢及斑。"无患子是一种药材，它也叫肥珠子、肥皂子，果实跟皂荚一样，有去油除垢的功能。也就是说，大明子民在嘉靖之前就已经开始用自制的"无患子丸"作为每日清洁洗脸的必备物品了。

明朝末期，香皂开始流行。最早的香皂也是以无患子丸为基础原料，然后添加各种香料制作而成。因为香皂工艺复杂，因而它的价格十分昂贵，只有官宦人家才可以用到这种香皂。

管理口腔

除了对身体清洁，明朝人也开始注重起口腔的管理。其实，牙刷的雏形早在宋朝就已经出现了，但是现代研究者依然将牙刷发明权给了明朝皇帝孝宗朱祐樘。因为民间一直流传着这样一个故事。

明　仇英　《贵妃晓妆》

话说弘治皇帝朱祐樘，经常是刚吃完饭就去批奏折，有一天，他忽然感觉自己牙齿疼痛，便找来太医进行诊治。太医诊治之后告诉他：因为他长期饭后不漱口，残渣剩菜留在牙缝之中导致产生了蛀牙，所以才牙齿疼痛。要想治疗，只能将残渣漱口冲出。这位明朝皇帝便想到将猪鬃，也就是猪脖子上短而硬的一节毛发，插入一个骨头制作的手柄上，制成了刷子，这种刷子便是牙刷了。

我们暂且不讨论牙刷到底是谁发明的，根据史料描述，我们可以得知牙刷在明朝早期就已经被人们使用了。明朝高濂曾经在《遵生八笺》中曾经提到"漱齿勿用棕刷，败牙"，表明在明朝早期，牙刷应该就已经作为百姓的一种日用品了。

有了牙刷，自然就得有牙膏。根据《本草纲目》记载，明朝人将白芷、朱砂等材料磨制为细末作为牙粉使用，不仅可以清洁牙齿，还能够治疗牙痛。

护肤美容

清洁之后，明朝的人们也忘不了护肤。当时的人们流行将"珍珠粉"和"玉簪粉"涂于面部，珍珠粉是以紫茉莉花花籽提炼而成的药粉，一般在春天时涂抹。玉簪粉则是以粟米研磨、淘洗后，加入丁香、玉簪花等药材磨制的药粉，一般秋冬使用。

《本草纲目》中也有关于珍珠用于美容的记载："珍珠味咸甘寒无毒，镇心点目；珍珠涂面，令人润泽好颜色。涂手足，去皮肤逆胪。"

明朝时期还流传一种名为"太真红玉膏"的面脂，这种面脂

《本草纲目》中也有记载，它是以杏仁、轻粉、滑石粉蒸制之后，再加入冰片、麝香等粉末，最后用鸡蛋清调制的一种膏状面脂，相当于现在的面膜。明朝的女子一般在沐浴、洁面后涂抹这种面脂，据说数日之后便可面如红玉。

护肤之外，明朝的人们还懂得护发。宫廷之中当时流传着一种名为荼蘼露的护发软膏，据说是以收集荼蘼花的露水，再加入香蜡制成软膏。但是由于其价格过于昂贵，民间一般不会使用，普通百姓常用的是以素馨花为原料压制成的头油。

在当时的明朝，上至达官显贵，下到平民百姓，都十分重视仪表。这一点在万历年间展现得淋漓尽致。据说当时的内阁首辅张居正每逢外出都要美容、化妆，士大夫也是极其注重仪容仪表，会客都要精心挑选穿着的衣物。更有趣的是，当时的一位士大夫甚至随身携带香皂，每天洗手都要达到几十次。

不得不说，明朝人要是讲究起来，那可真没咱们现代人什么事了。

衣着规制，
也挡不住满街的奇装异服

"洛丽塔"、cos服、玩偶服……在漫展或有其他类似活动的地方，你一定会被这类奇装异服迷得眼花缭乱，甚至还可能看到穿裙子的小哥哥走进男厕所，也会看到满脸胡茬刀疤的小姐姐在女厕门前排着队！

不过，你可别以为奇装异服是现代人的专利，早在大明万历年间，就有奇装异服的读书人"闪瞎"了退休官员李乐的双眼。

话说，这位名叫李乐的退休官员从京师回到老家苏州定居，结果刚到苏州，他便被眼前的一幕惊呆了——只见一处读书人聚会的场所里，苏州学子个个浓妆艳抹，活像戏台上的旦角。李乐惊怒之下，便写了句"遍身女衣者，尽是读书人"，然后拂袖而去。

古人流行"以礼待人"，在当时的社会，衣着也是一种礼仪，看了李乐的故事，读者可能会觉得大明是一个无比开放的时代，其实并非如此。各个朝代统治者在建国之初都会建立起一套

老迟□隐画于静者居

明　陈洪绶　《闲雅如意图》

专属于当时社会的服饰制度，明朝也不例外。

前面已经提到，朱元璋建立大明之后，按照唐朝的衣冠制度，制定了一套明朝专属的衣着等级制度。他认为君臣百姓贵贱有别，所以各自的服饰也应当有等级之分。庶民百姓只能用绢、纱、绸等等面料裁制服装，处在社会末端的商人们则只能用素色绢布做衣服。

衣服的布料有讲究，颜色讲究更多，朱元璋规定官员百姓都不能用黄色、玄色的布匹进行裁衣，因为这是皇帝专属的颜色。

如果不遵守这些规定，就有可能被官府抓起来处罚。据说当时明朝初年有百姓不遵守这些礼仪规制，穿着艳丽的服装聚在一起游玩，被朝廷发现，当下就被五城兵马司的官兵缉拿到监狱，每人被砍下一只脚。

而且，朱元璋除了对官员、百姓的衣着有规定外，还规定了乐工、娼妓等职业的服饰。

在其他朝代，这些特殊行业的女子通常都穿着比较艳丽，到了明朝，朱元璋则规定明朝的娼妓、乐工不能穿除了皂色以外的其他颜色的衣服，乐工头上只能戴青色的网巾。青楼女子服饰都这样朴素，平常女子更不用说。当时的部分地区，妇女出行时甚至还要掩盖头面。比如山西的妇女出行需要用手帕遮脸。

不过这种严苛的服饰礼仪并没有严格地实行下去，到了永乐年间，已经开始有人违反穿戴规则，尤其是永乐迁都北平之后，南方的风气更为宽松，太祖的服饰规定慢慢就没有人遵守了。

所以，到了明朝后期，上至文武百官，下至平民百姓，人们几乎都不再遵循明朝初期的服饰制度，人们在穿衣风格上开始放飞自我，以至于出现了男扮女装的神奇景象。

那时的乐工、妇女开始逐渐穿着花色各异的服饰，面料、饰品不再遵循礼制。明朝初期只有皇帝可以在服饰上装饰龙纹，当时还有官员因此被处死，而到了这个时期，团龙、立龙等图案甚至变成了平民百姓的衣着花纹。

难道这种服饰乱象就没有人加以禁止吗？其实明朝的皇帝对此也很是苦恼，所谓法不责众，如此多的百姓官员纷纷违反了律法，难不成还得把他们纷纷关进大牢吗？

明英宗时期，曾经有人因穿着皮靴进入皇宫而被拘捕关押。朝廷也曾经下令不允许百姓穿着各种官员纹饰的服装，但是由于当时的社会风气已经不像明初那样崇尚朴素，因此这时候朝廷的三令五申也不能禁止这种新的服饰风尚了。

"戴高乐"?
不戴帽子不出门的明朝人

从古至今，大部分人都喜欢被人戴上"高帽子"，因为这种"高帽子"能让人心情愉悦，甚至产生"我原本就如此厉害"的错觉。

与现代人不同，明朝人则是实打实地喜欢戴帽子，他们对帽子的喜爱，甚至发展到了不戴帽子不出门的地步。

网巾

在开国皇帝朱元璋的推动下，网巾成为明朝成年男子的首选帽子。在使用网巾时，人们需要将其覆盖于头部，让发髻从网巾顶部圆孔中穿出，再将上下网巾带一起收紧，这样一来，不论是头顶的发髻，还是底部的碎发，就都能被收入网巾之中。可以说，这种网巾既简单实用，又美观大方。

在明朝的多款帽子中，网巾属于最基础的那一款，造价低廉，人人都能用得起，但如果想要靠它来凸显身份，那显然是不够的。所以，那些有身份的人在网巾之外，还有其他选择。

唐巾

"唐巾"因在样式上类似于官员的乌纱帽，而受到明朝读书人的喜爱。头戴唐巾，身着道袍，更成为明末士人的标准搭配。

明朝的"唐巾"由唐宋幞头传承而来，多用漆纱制作，在头巾后面会垂有一对软翅。明初时，这种"唐巾"的帽翅比较短，帽筒也不太高，但到了明代中后期，帽筒和帽翅都变得长了起来，帽巾也从向前倾变成了向后仰。很多明代人物画像和雕塑中，都可以看到这种帽子。

东坡巾

与"唐巾"一样，"东坡巾"这种帽子也是从前代流传而来。听到"东坡"二字，大家便知道这又是一件与大文豪苏轼相关的物件。不错，正是由于苏轼的示范效应，这种帽子才得以流行起来。在元人赵孟頫所绘苏轼像中，苏轼所戴的正是这种帽子，其看上去像是一个方形"黑盒"，只不过在"盒子"前方立着两片帽檐，中间还有一段空隙。在一幅描绘徐光启与利玛窦的绘画作品中可以看到，利玛窦头上所戴的正是这种"东坡巾"，而徐光启所戴的则是官员们常戴的乌纱帽。

四方平定巾

"唐巾"和"东坡巾"因为传承自前代，颇有文化底蕴，受到了明代士人的认可与喜爱。此外，还有诞生于明朝初年的"四

元　赵孟頫　《苏东坡像》

方平定巾"，虽然没有前代的文化传承，但因为是开国皇帝钦定制作，也收获了一大批读书人和平民百姓的追捧。

这种帽子主要以黑色纱罗制成，呈倒梯形，可折叠，亦可展开，因展开时四角皆方，所以也被称为"四角方巾"。其最初的大小高低是较为适中的，但随后便开始逐渐变高变大，到了明朝末年已经变得非常高大，当时的人头戴这种帽子，就好像"头顶一个书橱"一般。而这种帽子之所以能够在全国推行，还得益于元末文学家杨维祯在无可奈何之下所拍的一个"马屁"。

杨维祯是元末诗坛领袖、一代文学大家，朱元璋建立大明后，几次三番征召他纂修《礼乐》和《元史》，却都被他以年迈为由拒绝。皇帝提出的要求，臣子哪里有拒绝的道理，被拒两次的朱元璋派出车马，将杨维祯接到宫中，打算强行委以官职。

杨维祯这次入宫面见朱元璋时，佩戴的正是这种帽子。原本还有些怒气的朱元璋看到杨维祯头上这顶奇怪的帽子，对其产生了浓厚的兴趣，好奇地问起了帽子的名字来。原以为皇帝要问罪于自己，现在竟然对自己头上的帽子好奇起来，杨维祯一下子来了灵感，他对着朱元璋恭敬地说道："此四方平定巾也！"

这个方方正正的帽子竟然叫"四方平定巾"，这不正是在说现在的天下已经四方平定了吗？这一回答不仅解决了皇帝的疑惑，更满足了皇帝的虚荣，简直无可挑剔。龙颜大悦的朱元璋随即下令批量制作这种帽子，并推行到全国，让读书人都佩戴这种帽子，让他们都知道现在正是四海平定的时刻。就这样，"四方平定巾"便在全国范围内流行起来。

六合统一帽

如果哪个明朝人觉得"四方平定巾"太大太高，戴着没有舒适感，那"六合统一帽"倒是能弥补他在这一方面体验的缺失。"六合统一帽"是由六块三角形的罗纱缝合而成的一种半球形圆帽，因为形状非常像半个西瓜，所以又被称为"瓜皮帽"。民国时期广为流行的瓜皮帽就是由这种"六合统一帽"演变而来。

与"四方平定巾"一样，这种极具政治意味的帽子也是在朝廷的强令推动下才流行于全国的。但相比于形式感更强的"四方平定巾"，"六合统一帽"在舒适程度上要更高一些，冬天寒冷之时，还可以用棉帛等质料缝制帽子，以增强保暖防寒功能。

可以看出，明朝人可以选择的帽子种类还是非常多的，但选择多并不意味着可以随便选择，与衣着服饰一样，戴错了帽子也是会受到律令处罚的。《明史》之中就曾规定，文武官员如果随便佩戴巾帽，就要"革去冠带，戴平顶巾，于儒学读书、习礼三年"。

一不小心戴错了帽子，还要被罚读书习礼三年！看样子，在明廷当官可真要时时刻刻保持警觉才行啊。

第二章 食

饭可以乱吃？
当然不行

忙碌一天后，人们都喜欢吃点好的犒劳下自己。现代社会，我们吃什么、怎么吃都没有限制，但是在明朝可不能这样，明朝人吃饭是有严格的等级界限的。比起元朝的享乐风尚，明朝人吃什么、怎么吃可要谨慎，否则有可能丢了性命。

就拿隆庆年间的清官海瑞来说吧，他被升调右佥都御史（正四品），外放应天巡抚后，便颁下了《督抚条约》约束自己和下属，在三十六条条例中有这样一条：本院到处下程，止鸡、肉、鱼、小瓶酒等件，不用鹅及金酒，物价贵地方费银不过三钱，物价贱地方费银二钱。

这句话的意思是，招待本大人一顿饭最多花银三钱，物价便宜的地方减为两钱，菜品只要鸡、鱼和肉三样，以及供应小瓶酒，不能有鹅和金酒。一顿饭所用几钱，居然要和下属"约法三章"，真不愧清官的名声。

海瑞对吃饭的规格如此讲究，一方面自然是因为他清廉，另

明　陈洪绶　《劝蒲觞图》

乙酉端阳老莲陈洪绶为柳塘五庭兄画并书于溪山之薜荔居劝蒲觞也

一方面也是他恪守"祖宗成法",因为明太祖朱元璋这个事无巨细的皇帝,早就为明朝人制定下了吃饭的规矩。

餐具是餐饮文化的代表,而在餐具的使用方面,明朝也有着严格的规定。朱元璋规定,公侯及一品、二品官员的酒盏可以用金制,其他餐具则最高用银制;三品到六品的官员酒注(斟酒用的注子)最高可以用银制,酒盏可以用金制;六品到九品官员,除了酒注和酒盏可以用银制外,其他的餐具必须用瓷的。如果有人不小心用错了餐具,或者宴会上仆人不小心摆错了餐具,都是要受到重罚的。

官员们聚餐情况较多,明朝政府对于不同场合的宴席也有着不同的规定。《宛署杂记》中记录了很多关于宴席规格的场景,如秀才通过乡试成为举人后,要用这样的规格宴请宾客:"乡试场上下马二宴,每宴上席八席,下马宴加一席,共一十七席,每席该银四两八钱五分一厘三毫,共银八十二两一钱一分二厘一毫。"

政府有政府的规定,民间也有民间的章法,明朝富民将用餐前主客间的礼仪称为"安席",他们的安席礼仪十分讲究,《利玛窦中国札记》对宴席礼仪有较为详细的记载,如主人将客人带到饭桌后,要给客人安排一把椅子,然后用袖子掸一掸土,之后对客人鞠躬行礼。又如最重要的客人在大家都入座后,要站在主人旁边,很文雅地推辞在首位入席的荣誉,入席后还要很文雅地表示感谢等。

明朝一些地区还很讲究"尚四"之礼。《醒世姻缘传》第三十四回叙述狄员请两位乡约吃饭时,菜品为"四碟小菜、四碟案酒、四碟油果……"，第五十回孙兰姬款待旧相好狄希陈时，宴席中的水果是"一碟荔枝，一碟风干栗黄，一碗炒熟白果，一碗羊尾笋嵌桃仁"，小菜为"一碟醋浸姜芽，一碟十香豆豉，一碟莴笋"。

　　说了这么多吃饭的规矩，读者可能会觉得在明朝吃饭太麻烦了。其实，作为明朝的普通百姓，倒也不用太过担心这些饮食礼节。因为明朝大部分的饮食礼仪都是针对富民阶层和官员而言的，在普通人家一般是没有这么多规矩的。

　　通常普通百姓，尤其是穷苦人家吃饭时都会随意围坐在一起，而且普通农民的饮食相对比较简单。明朝弘治年间的《温州府志》记载，当时的明朝温州普通农民，每年春分起就开始劳作，到冬初收割完晚稻，才有一段农闲时光。在农忙时期，普通农民可能只能一日两餐，其餐食多为清粥、咸菜。只有在端午、元宵等特殊节日，大家才会筹措一点银钱，小小奢侈一把。

东来顺还是海底捞？
大明朝统统都有

俗话说，民以食为天，中国历史与各类食物始终是相互纠缠的。达官贵人也好，平头百姓也罢，大家总归都是要吃饭的。就拿明朝的皇帝来说吧，太祖朱元璋爱吃豆腐，成祖朱棣爱吃辣白菜，隆庆皇帝爱吃驴板肠。可以说，明朝皇帝在饮食方面的确很"接地气"。

国人自古就喜欢研究吃，只是，喜欢吃也要有条件才行。明朝刚刚建国时，国力尚不足以致奢靡，再加上开国皇帝朱元璋三代贫农的身世背景，所以饮食的主题就是节俭两个字。朱元璋贫苦三十载终于上位，他深深体会过没饭吃、没钱花的潦倒生活，于是他以身作则，饮食几乎都是家常便饭。

朱元璋规定，他每餐菜品不能多于八道，而且其中常备的一道菜竟然是豆腐。为了跟随皇帝的脚步，权贵之家有宾客前来赴宴，酒席也不会超过八个菜，席间大家互相传递瓜果菜肴，酒水都是集市随便买来，不敢追求华贵。

　　皇帝都这么简朴，百姓自然要将朴素之风贯彻到底。因此那时的老百姓菜肴也十分简单，吃的也都是粗茶淡饭。

　　当然这只是明朝初期。成化以后，宫廷和民间饮食都逐渐变得丰富起来。相传成化末期，宫廷对饮食的追求就已经到了奢华的地步，果品要用烧好的糖水进行造型，一盘别致的果盘需要耗费十来斤果品。这时，明朝的皇帝们也不再以节俭政策为纲，开始奢华起来。

　　不过，此时皇帝的餐桌上依旧保留朱元璋时期的常备菜品——豆腐，但是豆腐已经不再是黄豆磨制，而是用上百个鸟类的脑花制成。一道豆腐都要破费如此，也不难想象宫廷日常餐饮之奢华。

　　有皇帝做榜样，官员们也不甘继续清贫如洗的生活，开始崇

明　唐寅　《煮茶待君图》

尚奢华，大摆宴席。到了明朝晚期，士大夫们如果打算举办宴会，都要准备数日，以保证果品充裕，饭食新鲜。当时的食品已经不局限于历朝历代流传下来的菜式和各种各样的烹调方法，更有大量的外来食物，让明朝人的餐桌更加丰富。

由于外贸的发展，大量农作物被引入中国。比如深受现代人们喜爱的辣椒、番茄、南瓜、玉米等等。明朝末期，辣椒被引进中国。初期它是作为一种观赏性植物，后来贵州的人们因为食盐匮乏，偶然将其做成菜品，发现其可以代替食盐使用，由此，辣椒才在中国境内广为流传。

除了外来食材，本国种植的蔬菜品种也数不胜数。明朝常见的菜品如白菜、菠菜、萝卜、油菜、黄瓜、葱、姜、蒜等在品种上基本与现在大同小异。不过当时白菜是作为一种蔬菜中的上等品，被古人称为"菘"。主要原因是其冬天也能生长，四季长存。

除了各种蔬菜外，还有丰富的水果供当时的人们食用。南方盛产杨梅、荔枝、椰子、门枣、樱桃、龙眼、西瓜等，北方盛产石榴、葡萄、白果、土茯苓等。

因为辽阔的疆域，明朝的主食也已经出现地域性差异。南北方的人们在饮食上也有差异，和今天类似，也是北方面食、南方米饭。

南方人虽主食米饭，但是不代表他们不吃小麦，只是他们不将小麦作为主食，而是将其制成各种形状，作为汤料或点心。

北方人则是以面食为主。最常见的是各种饼：烧饼、汤饼、蒸饼以及最常吃的笼饼，也就是馒头。除了饼，还有各式各样的

面条、包子、饺子
等等。

除了蔬菜和主
食，明朝人又有什
么肉可以吃呢？明
朝时期，肉食种类
各式各样，且政府
不再束缚民间吃牛
肉，因此明朝的富
人食谱中，蛋白质
的来源还是颇为丰
富的。不仅有鹅、
鸭、鸡等常见家
禽，还有鸽子、斑
鸠、老虎、蛇、昆
虫等各种野味。

在这些肉类
中，鹅肉是明朝比
较重要的美味佳
肴，士大夫和民间
百姓都将鹅肉视为

明　周全　《射雉图》

会客的上上之选，有的人家甚至日常消费十来只鹅。隆庆年间的
清官海瑞出外巡视时还特意交代接待方不准为他准备鹅肉，由此
可见鹅肉的珍贵。

明朝的肉食种类已经够多了，但是也满足不了明朝人爱吃的心。因此，各种野生动物便遭了殃。那时的人们没有保护野生动物的意识，他们将猩唇、熊掌、雀舌、豹胎、驼峰等野生食材，制作成各种奇珍异食享用。

这些农作物和肉类构成了明朝餐饮的基础，给了爱吃的明朝人丰富的想象空间。明朝末期已有的烹饪方式除了常见的烧、蒸、煮、煎、烤、摊、炸、爆、炒、炙，还有腌制、卤制。铜火锅也是当时一种特殊的烹饪方式。中国历史上早就出现了火锅，但是铜火锅的源头却实实在在是在明朝。

据说铜火锅是朱元璋的儿子朱桂命令下人制作的，这位王爷爱好与他人不同，喜欢在自己的王府熬夜宴客，但是每到晚上饭菜就冷得特别快，于是他就灵机一动，命人寻找工匠用黄铜制成火锅，以保持食物不冷。

从吃的角度看，明朝后期奢靡之风已经盛行，开国皇帝朱元璋崇尚的节俭已经荡然无存。而明朝的灭亡也就在这奢靡享乐中日益接近了，据史料记载，崇祯十六年清兵入关，敌人都打到通州了，大学士周延儒还在军中品味美酒美食。

不可否认的是，大明丰富的饮食文化一直影响到我们今天，是那个精彩又荒唐的时代给我们今人留下的一笔丰富的文化遗产。

武松酒后还能打虎，
原来是因为酒精度数低

现代人的酒桌文化与古代不尽相同，现代人喝酒，多是出于一些需求或目的，比如聚会、庆祝、应酬等，古人饮酒也有这些需求或目的，但有时候他们饮酒可能只是单纯的口渴了！

酿造酒

明朝人喝的酿造酒又可以称为发酵酒，是一种以水果或粮食作为原材料，通过发酵工艺制成的酒，与现在我们所喝的啤酒颇为类似。这一酿酒方法最早可以追溯到新石器时代，这一时期已经出现了成套的酿造工具。传说中的杜康造酒，造的就是这样的酒。

古已有之的酿造酒在发展过程中，经历了历代酿酒匠人的改良，衍生出了许多独具特色的酒种，比如唐代的黄酒、绿酒，都是标准较高的优质酿造酒，只不过此时的酿造酒酒精度数偏低，据现在考证，在三度左右。如此低的酒精度，就难怪有"李白斗酒诗百篇"之说，如果李白喝的是五十二度的二锅头，恐怕早就被抬去看郎中了，怎么可能作诗？

宋元时期酿造酒的品质进一步提升，酒精度数也随之不断升高，此时的酒精度数已经可以达到六至八度，而原本偏甘甜的酿造酒也逐渐向口感偏苦辣的方向转变。到了明朝，酿造酒酒精度数继续提高，但仍然保持在十度以下。

成书于明朝的《水浒传》中，武松路过景阳冈，在酒馆中连饮十八碗酒后，依然制服了山中的老虎。诚然，好汉武松的酒量是好的，不然也不可能全然不顾酒店老板"三碗不过冈"的劝告而连饮十八碗。但喝了这么多酒后依然能站立不倒，甚至还能打虎，那一定是因为酒精度数低。

蒸馏酒

在喝酒这方面，明朝人是幸福的，因为他们不仅可以喝到传统的酿造酒，还可以喝到时髦的蒸馏酒。从当时的一些小说来看，上层社会的达官贵人们往往喜欢传统的酿造酒，而处于平民阶层的百姓劳工们则更喜欢喝蒸馏酒。

为什么富人们不喜欢喝时髦的蒸馏酒，而偏偏喜欢喝传统的酿造酒呢？这与当时的酒宴习俗有一定关系。我们不妨来设想一个场景，达官贵人在设宴饮酒时，为了营造氛围通常会开展一些游戏助兴，如顶针续麻、拆牌道字、行酒令之类的文字游戏。这类游戏在难度上普遍较高，对饮酒者的要求也比较高，输了就要罚酒。

如果大家一起来喝度数较高的蒸馏酒的话，几杯酒下肚，在

痛飲
讀騷

辛亥十月
華平翁屬觀

老蓮洪綬畫於菁遠堂

明　陈洪绶　《痛饮读骚》

老遲洪綬書於清卷堂

明　陈洪绶　《斗酒图》

座宾客就已经头晕脸红，这时候别说做文字游戏了，就是保持头脑清醒都十分困难。

与达官贵人不同，明朝百姓对于酒的追求更多是口快，就是能瞬间起到麻痹人、让人愉快的效果，而此时酒精度数高的蒸馏酒就更具有优势了。

相比于酿造酒漫长的发展演变史，蒸馏酒在中国的历史并不长。这种制酒技艺差不多是在金代才出现，而在明朝时期得到了改良发展。因此对于当时的明朝人来说，蒸馏酒确实是一种颇为时髦的酒品。

蒸馏酒主要利用了物理的蒸馏方法，将酒精从发酵原液中分离出来，由于在发酵基础上还有一个蒸馏过程，所以最终得到的酒纯度更高，口感也更为辛辣。

李时珍在《本草纲目》中对蒸馏酒的制作工艺进行过细致描述，从其中"其清如水，味极浓烈，盖酒露也"的描述可以看出，蒸馏酒的酒味极浓，在饮用时并不如酿造酒那般柔和。也正是因为高酒精度的蒸馏酒口感过于辛辣，使得那些喝惯了酿造酒的达官贵人们不敢多做尝试。

失去了上流市场的客户，那些生产蒸馏酒的商家们就不得不向下去扩展市场，而这正好和普通百姓的需要不谋而合，这也是为什么下层百姓多能喝到蒸馏酒的原因。

虽然明朝富人不太爱喝蒸馏酒，但因为这一时期粮食富足有余，蒸馏技术还是得到显著进步。所以，蒸馏酒的品类也获得了较大发展。这一时期的蒸馏酒多以高粱酒作为酒基，可以加入一些珍贵药材，也可以加入一些花瓣，提高酒的口感与香气。除了这些看上去制法相对正常的蒸馏酒，明朝人还会研究一些"配方独特"的蒸馏酒。

比如被称为投脑酒、脑儿酒的头脑酒——一种用肉、鸡蛋和其他食物配制的酒，据传，这种酒曾被朝廷专门用来赏赐给殿前将士，用以驱凉御寒。明代朱国桢在《涌幢小品》中写道："凡冬月客到，以肉及杂味置大碗中，注热酒递客，名曰头脑酒，盖以避寒风也。考旧制，自冬至后至立春，殿前将军甲士皆赐头脑酒。"

然而，终明一朝，蒸馏酒的地位始终没能超越酿造酒，直到清朝定鼎中原，来自东北的满族人对酒精的追求和普通老百姓更为接近，蒸馏酒才终于靠政治路线打了一个翻身仗。

全民吸烟，
从明朝就开始了

现如今，不少古装剧尤其是清宫剧都会加入一些清人抽烟的镜头。这些镜头让人多少有些跳戏，不少人心中也有这样一个疑问：古代人有烟抽吗？

其实，古装剧中描绘清代人抽烟还真不是低级失误，毕竟中国人的抽烟历史最早是可以追溯到明朝的。

烟草的传入

根据张介宾《景岳全书》记载，烟草最早应该是在万历年间传入中国的，而具体的传入国家应该是菲律宾、越南等。因为最初传入之时，烟草被明朝人称为"吕宋烟"，"吕宋"就是明朝人对菲律宾地区的称呼。姚旅在《露书》中也提道："吕宋国出一草，曰淡巴菰。"这里的淡巴菰指的就是烟草了。

据考古学家猜想，最早将烟草带入中国的应该是南方沿海的贸易人，他们在做生意的时候见到南洋、西洋人有吸烟的习惯，

岩烟草

也开始尝试吸烟。所以，香烟的本土化也是从南方沿海地区开始的。《景岳全书》中的"出于闽广之间，自后吴、楚地土皆种植之矣"也证实了这一点。当时烟草最先进入的省份是福建、广东等，随后才开始在其他地方流传。

烟草的普及

烟草有使人麻醉的效果，在那个没有意识到"吸烟有害健康"的时代，烟草因麻醉特性而一度被当作药材。天启年间医药学家倪朱谟编撰的《本草汇言》中曾经提道"此药（烟草）气甚辛烈，得火燃，取烟气吸入喉中，大能御霜露风雨之寒，辟山岚鬼邪之气。小儿食此，能杀疳积；妇人食此，能消癥痞"。这段话的意思是，吸入点燃的烟草不仅可以抵御寒冷，还能不畏惧邪气，甚至可以治愈小孩消化不良、脾胃虚弱，妇人的腹部结块之症。张景岳在《景岳全书》中更大力称赞烟草治病见效快，不仅可以祛风湿，而且还可以壮阳。

遥想两百年后的英国伦敦，愚昧的人民认为空气污染可以让人少生疾病，进而对煤炭粉尘趋之若鹜，恨不得对着烟囱多吸几口，看来真的是古今中外愚昧同理。由于当时各大医家或真或假的宣传，加上烟草强大的麻醉性，大明百姓便越发将烟草视作神物。

当时有民间传言：明军在一次出征西南的时候，军中将士大都感染了疾病，但只有一个吸烟的支队没有一人染病。这事情经过人们以讹传讹，越发神化了烟草的作用，人们不仅认为其可以治病，还有人说其可以带来好运。

既然是好东西，那必然是要全家共享的，所以中晚期的明朝社会，不仅男子吸烟，女子与孩童也开始吸烟。烟草甚至成为人们招待宾客的礼品，百姓之间不论男女老少无一不是烟管在手！

大量烟民带来的是烟草种植面积的扩大，到了崇祯年间，烟草种植已经遍布明朝各地，在有些地域，烟草甚至成为主要的经济作物。

崇祯的禁烟令

此时，一场禁烟运动随之而来。

原来，当时的民间谶语中，"吃烟"等于"吃燕"，而"燕"正是当时北京的简称，坊间甚至还传闻"天下兵起，遍地皆烟"。这些"杂音"引起了崇祯皇帝的警觉，于是他在崇祯十年颁布禁烟令，规定全国人民从此之后不能再有抽烟的行为。但凡有出售烟草者，一律重罚。

禁烟令是下发了，但这项禁烟政策并没有使得烟民减少，反而使烟草价格上涨。原因是当时下发的禁烟令只是要求百姓不得出售烟草，没有规定禁止种植烟草。于是三年之后，崇祯皇帝又一次下发了禁止种植烟草的法令，宣布种植烟草将会被处以终身监禁的刑罚。

其实，迷信且急性子的崇祯皇帝大可不必如此，就在大明王朝的东北部，满洲人可是视烟草为珍宝的。崇祯三年皇太极与明廷议和，双方馈赠礼物时皇太极点名要求明朝送他五十刀（一刀为一百张，和纸同一个单位）烟草，烟草到手之后，皇太极除了满足自己烟瘾之外，还拿出二十多刀分送满洲、蒙古贵族。

试想，如果崇祯皇帝能够想办法用烟草来牵制皇太极，也许不失为解救辽东危局的一个措施呢！

大明人爱香料，
于是香料变俸禄

说到香水，现代社会的女孩包包里没有不装一瓶的。现代的香水是经过一系列复杂工艺制成的透明清晰的液体。那你知道古人的香水是什么样子的吗？

古代人提炼香水的技术尚不过关，所以，那个时候的香料都是真实看得见的。如果你带着香料来到大明朝，说不定还能混个官当当。

怎么，不信？那我们来看这样一个故事——

大航海时代早期，往来东西方的船只沉没比例高达五分之三。也就是说，十艘从欧洲出发前往亚洲的船中，六艘都无法返回欧洲。然而，如果一艘船能安全返回欧洲，又碰巧满载着香料，那么，这一船香料的价值就能换九艘同样的货船。

在欧洲如此昂贵的香料，在大明王朝有着怎样的待遇呢？

由于地理位置距离香料主产区较近，且大明自己也有一些香料出产，香料在明朝基本上是贵而不稀。明朝人懂香料，也乐于用香料，尤其是宫廷更是香料使用大户。无论是皇帝出行、宴客还是举办大型祭祀活动，都要用到大量的香料。据资料记载，皇家祭祀所用香料最多的一次，达到了十四万斤！

在整个明朝，烹饪香料、医用香料和实用香料其实是不分家的。胡椒、豆蔻、茴香、孜然等，与龙涎、麝香等香料都被统称为香类。而香料用途也是十分广泛的，明朝人认为香料有医用价值，它的芳香可以躲避邪祟，可以治疗人们的恶心之症。而且明朝时期疫病频发，民间医生以香料入药，可以减轻病人的痛苦。

用途广泛导致了香料的需求旺盛，因而明朝初期香料价格是十分昂贵的，海外运来明朝的胡椒每斤获利可达成本的二十倍。香料的昂贵价格，加剧了人们竞相攀比的心理，上至王公贵族、下至平民百姓都争先恐后地采购香料。

其实，如果单纯是运输的费用，倒不至于让香料如此昂贵，主要的原因是明朝前期朝廷限制海上交易。洪武年间的《禁香令》规定："不问官员军民之家，但系番货、番香等物，不许存留贩卖。其见有者，限三个月销尽；三个月外，敢有仍存留贩卖者，处以重罪。"意思是官员、军民都不许贩卖香料、私自留存外来香料。手头有香料的，三个月内赶紧倾销完毕，要是三个月后发现还有人有存、贩香料的，将重罪处罚。

海外贸易被禁止，民间需求却禁止不了，结果就是走私横行。沿海人民为了追逐高额利润，私自往来南洋进行海上交易，久而久之开辟出了一条民间的香料引进路线。

而在朝廷这边，虽然海上贸易被禁止了，但朝贡体系却兴盛了起来。朱元璋一统华夏，威服四夷，海外各国纷纷派使者前来

明　陈洪绶　《炼花图》

明
陈洪绶
《炼芝图》

朝贡，而贡品中重要的一项就是香料。

到了明成祖时期，明朝的朝贡贸易达到了顶点。而将它推向顶峰的，便是郑和下西洋。郑和在这次空前绝后的航海活动中，途经东南亚等盛产香料的国家，为香料大量进入明朝打开了一扇大门。

郑和前往海外时携带着大量中国的丝绸、瓷器，到达目的地后与世界各国进行交换、买卖，获得了各式各样的西洋特产香料，包括龙涎香、苏合油、安息香、木别子等等，香型达到五十多种。

海外各国知道了明朝的存在，也越发"支持"明朝的朝贡制度，于是越来越多的使者来到中国，便产生了后来海外来明朝贡的繁荣景象。当时甚至出现国王携妻子、使臣五百多人来明朝朝贡的现象。

由于郑和的海外采买和外国朝贡，明朝的香料在几年间达到了饱和状态。国库里堆满了各种各样的香料，无奈之下，朝廷只好将香料作为赏赐，赐给近臣和勋贵。

永乐年间，成祖一次赐予某王的香料就高达百斤。到了仁宗朱高炽时期，香料不但赏赐给重臣，还赏赐给普通大臣、僧侣、朝廷匠人，甚至还赏赐给御膳房厨子，"某某厨所做御膳甚好，合朕口味，特赏赐胡椒一斤……"每天与佐料为伍的御厨，拿回家的赏赐居然是自己做菜用的胡椒，实在让人啼笑皆非。

如此的封赏范围，可见明朝香料之泛滥。而香料泛滥的原因也很简单——明朝朝廷常年采用"厚往薄来"的政策，朝贡国家看到有利可图，便经常来朝贡，最后干脆把朝贡当不赔钱的生意，结果是用大量的香料换走了明朝国库的金银。

明宣宗时期，朝廷曾因国库空虚无法下发官员俸禄，只能将香料作为俸禄发放给文武百官。按照相关资料的记载，当时折发的香料价值相当于五百万石米，由此可见大明国库中香料之多。

如此多的香料，不了解历史的人还以为大明皇帝有囤积香料癖好！

第三章　住

明朝的地区划分
和户籍制度

　　现代人都说："身在何处，何处便是家"。但是明朝的百姓却不是这样。

　　明朝初期，朱元璋就曾经说："丧乱之后，中原草莽，人民稀少，所谓田野辟，户口增，此正中原之急务。"战乱之后，国家地广人稀，当务之急就是开辟田野、增加人户。也就是说，朱元璋在明朝开年之初已经意识到人口和户籍制度的重要性。

　　洪武元年，他下诏书宣布开展全国范围内的户口普查行动。根据《明史》中的记载："太祖籍天下户口，置户帖、户籍，具书名、岁、居地。籍上户部，帖给之民。"也就是说，当时的户籍制度主要是将明朝百姓的姓名、年龄、现住所等信息一一填列在户籍册中，将户籍上交给户部，户帖发放给百姓。

　　户帖制度虽然完备但是并不记载当时每户农户的土地明细，因此容易造成赋役失调。于是到了洪武十四年（1381），朱元璋改户籍户帖制度为黄册制度。

　　当时明朝已经做好行政划分，在全国范围内建立起十五个省级单位，也就是当时的"两京十三布政司"。在布政司之下设置府和直隶州，相当于现在的省会和直辖市。各府之下设置县和属州，直隶州之下设置县，黄册制度则是在现行的行政区划上进行编制。

　　在明朝，一百一十户为一里，每个里按照家中粮食多少排序，前十户中粮食最多的家庭称为里长，一个里长带领其余十户人家作为一个纳税序列。

　　在当时黄册的编制也是以里为单位，里长将朝廷下发的"清册供单"分发给各家各户，各户填报结束交给里长；各个里长再将名册汇总交给县官，县官将本县城的名册汇总，交给直管的府，府衙也是按照行政区划依次上交，直至下级单位编制成册上交给布政司，布政司再汇总交给户部，户部在当时各地呈递上的名册基础上以黄纸作为封面，故而被称为"黄册"。

　　当时明朝政府规定："其令四民务在各守本业，医、卜者土

明　仇英　《归汾图》（局部）

著，不得远游。"也就是说，户籍制度确定之后，人口不得随意流动，对于离开户口所在地的百姓都将处以刑罚。当时的百姓，作息出入都要被里长监督，如果有隐瞒不报户籍的人，家长会被处以死刑，其他人则会被充军籍。

那时能够离开户籍地的只有参加科举考试的学生，农民如果要离开户籍所在地前往他处超过百里的，需要得到官府开具的路引才能离开。因此在明朝初期，百姓如果想要更换住址，改变户籍可以说是难于登天。

不过到了明朝中后期，各种因素导致当时的百姓逐渐脱离辛勤耕种的土地，大规模的流民开始出现，百姓逐渐不再遵循严格的户籍制度。再加上商人的增加、度牒制度破坏导致的僧人道士增加，使得明朝的人口流动进一步增加，最终造成户籍制度流于形式。

故宫千房没厕所，
一言难尽的明朝如厕习俗

关于古人如何如厕的问题，不少人都很感兴趣，比如有一个流行的问题：故宫八九千间房子，为什么没有一个厕所？难道宫里的人都不用上厕所吗？

在回答这个问题前，我们先回答这样一个问题：故宫的第一任房主——明朝皇室为什么不在自己家建厕所？

其实，原因无非是出于安全、卫生两方面考虑。厕所是一个比较私密的空间，如果有刺客埋伏，往往能够实现一对一的刺杀，豫让刺杀赵襄子选择的地点就是厕所，可见古今一理。紫禁城住着上千口人，这些人每时每刻都需要解决内急，如果到处建厕所，在没有下水道系统的明朝，上百个厕所的味道让人无法忍受，这无疑更影响卫生。

因此，明朝皇宫解决内急的厕所便被三大起夜"神器"——夜壶、尿盆和恭桶（马桶）取代。宫里人解决内急都用这三大神器，只不过地位越高，神器也就豪华。

帝后都有自己的移动马桶，随叫随到，完事之后用香木屑掩盖污秽之物，直到没有一丝异味时才能送出去处理掉。妃嫔们也有专门的便桶，叫"官房"，规格差点，便桶里用香灰掩盖难闻气味。她们方便之后，会立刻有专人清理出去。

宫女太监们怎么上厕所呢？答案是带马桶的公厕。根据《明宫史》记载，在乾清宫门围墙之内、慈宁宫西第等处，都有公厕，那里有特制粪桶。每天凌晨时分，自有太监把宫内各居所的污秽之物从安定门运出城去，这些太监有个特殊的称号——"净军"。出城之后，一车一车的粪便可不能随便倾倒入河或就地掩埋，而是被送到周郊农村。

中原汉人的如厕文化在东汉时期就已经成形而且完善，此后上千年竟一直没有太大变化，汉朝人蹲坑，明朝人也蹲坑；唐朝人用马桶、尿盆，明朝人还是用马桶、尿盆。想来，中国的厕所一直没有进化到抽水马桶，或许还是与农耕文明有关——排泄物都拿来当肥料了。

说完权贵，我们再来看看普通人家的茅房是什么样的。

明朝茅房的特点是：坑位比地面高，下面放着粪车，满了之后就拉走。由于这种粪车比较大，要几个月才能装满，所以平时"香飘万里"。适应了自家的茅厕后，又有一个问题来了？出门在外忽然内急，有公厕吗？答案是有的。

《周礼》记载，我国周代时就有建在路旁的路厕，后来出土的汉代的陶制厕所模型也证实了公厕早已有之，而且汉代的时候就已经分男女了。当然，这些还算不得真正意义上的公厕，而明代有真正意义上的公厕是有据可查的。

明　佚名　《北京宫阙图》

明朝最早的公厕也是路厕，而且是收费的。后来有一个叫作穆太公的乡下人，建了不收费的公厕，从而改变了花钱如厕的局面。

话说穆太公进城的时候忽然觉得内急，就求助于城里道路边上收费的"粪坑"（收费厕所），解决完内急后，穆太公的脑子重新精明起来，看着人数不少的出恭者，穆太公决定自己出资建"粪坑"！

说干就干，穆太公立即将自家门前的三间房屋进行改造，并请秀才给公厕提了个雅名——齿爵堂。为了吸引客流，他出资写了几百张纸质"广告"，广告词大概是这样的：穆家有喷香新坑，远近君子下顾，本宅愿贴草纸。

我们知道，古人方便完后，多用稻草、木片、瓦片，甚至是土块清洁，如今厕所环境好，上厕所不收费，还有免费草纸用，人们纷纷来光顾。慢慢地有女子也来这里如厕，穆太公便又专门盖了一间女厕所。

有人疑惑，穆太公这是为什么呢？其实穆太公这是另辟蹊径，通过免费公厕收集粪便，然后卖给乡下人做肥料。虽然粪便不值钱，但客户多，所以这也是一笔不小的收益。

明朝人做饭

竟然用"火柴"

想安安稳稳过日子，自然离不开"柴米油盐酱醋茶"这些事，而在这些事中，又尤以"柴"事最为必要，不解决生火问题，烧水做饭自然是无从下手的。

如果你生活在远古时代，想要生火，不仅要找到钻木，还要找到一些易燃物来；如果你生活在先秦时代，嫌钻木取火太累，也可以用青铜阳燧来"向日生火"，只要不遇到阴雨天就能成功；如果你生活在魏晋时期，想要在荒野求生的山洞中生火，使用随身携带的火石或火镰，自然是更为便捷的方法。

如果你足够幸运，顺利降生在明朝的一户人家，那你会发现，这里的人们生起火来更加方便，因为他们已经用上了"火柴"。而且这种"火柴"与现代我们所使用的火柴已经非常接近了。

取灯

在当时，人们将这种"火柴"称为"取灯"，而其最初的制作手法则可以追溯到魏晋南北朝时期的"发烛"上。

元代文学家陶宗仪在《南村辍耕录》中曾写道："杭人削松木为小片，其薄如纸，熔硫黄涂木片顶分许，名曰发烛，又曰焠儿。"在陶宗仪看来，这里所说的"发烛"就是明人所制"取灯"的原型。

这种"发烛"以松木为主体材料，在制作过程中，需要将松木削成如纸一般薄的小木片，然后将硫黄熔化涂在小木片上。

到了明朝时，这种"发烛"的使用已经相当普遍了，也正是在这一时期，"发烛"的称呼也逐渐被"取灯"所取代，在具体制作方法上也发生了一些小的改变。

火镰

其实无论是明朝的"取灯"，还是更早的"发烛"，从生火方式来看，都只是易于燃烧的引火柴，想要把火点燃，还需要利用其他方法来获得火种才行。

比如在天气晴朗的早上，明朝人可以利用青铜阳燧来聚焦太阳光，引燃"取灯"；而如果在日落西山时，明朝人则会使用火镰来进行打火。

说到火镰生火，就不得不提与之相搭配的"火镰三件套"了。在明朝时，"火镰三件套"可以说是居家出行必备上品，堪称随身的"火柴头"和行走的"打火机"，无论是闯荡江湖的大侠，还是居家度日的主妇，都将其当作宝贝一般。

施耐庵在《水浒传》中就写道："众人身边都有火刀、火石，随即发出火来，点起五七个火把。"这里所说的人手一个的火刀和火石，正是"火镰三件套"的重要组成部件。

一套完整的"火镰三件套"除了要有火刀和火石外，还需要有火绒。当火刀和火石相互撞击产生火花，落到火绒上后，火绒便会随之燃烧，这样火也就生了起来。

相比于其他生火器具，"火镰三件套"的应用场景是非常广泛的，无论是艳阳高照，还是刮风下雨，使用"火镰三件套"都可以顺利生起火来。明朝人即使研究出了更容易燃烧的"取灯"，也有很多人会随时带着这"火镰三件套"，以备不时之需。

海瑞买不起房？

他只是不想买

　　明朝初年有位学士叫罗复仁，原本是陈友谅的手下，后来投靠了朱元璋。有一天，朱元璋心血来潮想看看这个原来的对手老不老实，打听到罗复仁家在南京城郊，于是微服去探访。

　　结果朱元璋越走身边的房子越破，明显是被侍卫带到了贫民窟。最后，在一处近乎是草屋的房子面前，侍卫停了下来。看到眼前的房子破旧不堪，门窗无一完好，地上坑坑洼洼，朱元璋实在不敢相信这是当朝官员的家宅，看到旁边有个农夫打扮的人正在帮着修缮房屋，便叫过来偷偷打听："这真是罗学士的家？"

　　结果这个农夫把脸上的油泥一抹，跪下就磕头，说道："臣就是罗复仁，陛下驾临寒舍是有什么事吗？"

　　田园诗酒花，这是所有中国人的梦想，苏秦就曾感叹"使我有洛阳二顷田，安能佩六国相印"。唐朝白居易身怀绝艺做"京漂"，结果刚到长安就被讥讽"长安居，大不易"，再看看罗复仁的陋宅，想必"田园梦"在明朝也是不容易实现的。

像尔忠淇

海瑞像

然而，真实的情况是，明朝的普通住宅并不算太贵，房价也没有过于剧烈的涨跌，在明朝做"京漂"虽然不易，但如果想拥有一间属于自己的小屋却也不难。

鉴于明朝近三百年来的物价相对稳定，所以纵向、横向对比房价都是可靠的。根据《中国历代契约会编考释》记载，在万历元年（1573）的徽州休宁县，花数两纹银可以买一座占地半分的小宅院；万历四十二年（1614），同样在徽州休宁，花五十两纹银可以买一座拥有正房三间，厢房三间，门面三间的宅子；天启二年（1622），纹银八两可以买一间十八步二（约51平方米）的平房。这个价格，以当时农民的收入，自建或购买都不难。

但如果是城里的普通市民，买房则多少会有点难。一来城里房价高于农村，二来普通城里人的收入可能还不如农民。那么，城里的房价到底多高呢？这要视地段、质地，以及年代而定，位置不同，时间不同，价格可能是云泥之别。

以京师房价为例，万历年间有位陈姓公公，他在京师有座门面七间、前后五进的大宅院，离开京师的时候卖了纹银一千三百两。

弘治年间，南京秦淮河畔的一间房能卖到六百银。按照当时普通民工的最低收入，一年十八两银子，需要不吃不喝，没病没灾，每天上工的情况下攒一百年。

以上豪宅是普通人根本无法企及的，那么再让我们看看普通人够得上的住宅。明代小说《金瓶梅》中，西门庆给妌头王六儿置办了一幢房子，门面两间，上下四层，花了一百二十两银子。这虽是小说之言，但数字基本是靠谱的。

对于达官贵人一百两银子不算什么，但对于老百姓而言，一百两银子的房子也算得上是普通豪宅了。明人编写的笑话集《解愠编》中有一则与房子有关的：有位穷书生梦到自己捡了三百两银子，醒来后对妻子说，要用一百两银子买房子，再用一百两银子买两个小妾……话没说完就被妻子骂了回去。可见，一百两的房子在普通人眼中的确算好房子了。

如果买不起大房子，那么量力而行，降低标准买些地段稍微差一些、面积稍微小一些的房子也是可以的。

万历年间，京师有位李老爷子，为了给儿子寻个出路，需要银钱打点，于是决定把位于马路边的房子卖了。那幢宅子前后两进，共有八间房，最后卖了三十五两银子。崇祯年间，北京市正阳门大街上，一座有五间房子的小四合院出售，卖价只有三十三两，因为当时政局紊乱，所以房价受到一些影响也是正常的。

所以，我们基本可以得出结论，明朝房子的贵贱，主要还是要看买者什么身份，要买什么样的房子。

明　李士达　《岁朝村庆图》

南京国子监祭酒谢铎，年俸薪水不过二百两银子，想买一座大房需要不吃不喝三年，问题是他一定需要大的房子吗？像海瑞在京师做官，一直是租房住也没觉得有什么不妥，以海瑞清廉的做派，他自然是不会住进奢华的豪宅的，一处小院足以，只是他自己觉得一处小院都多余，所以不买罢了！清廉官员自然有清廉的活法，所以动辄说买不起房子，更多像是官员为自己腐败找的借口。

房子固然不便宜，但明朝没有土地使用权、房屋使用年限的说法，只要房契在手，那房子就永远是你的，所以才会有那么多人乐于投资房子。

但是，即便房价再合理，还是有买不起房子的人，那么买不起房的人就只能幕天席地吗？当然不是。他们除了节衣缩食攒房钱外，还可以租房或典房。

明朝的房租不便宜，年租金通常是房价的百分之十，往往租不如买。好在明朝群租是合法的，只是管理比较严格，政府明文要求，住户要登记造册，选出宿舍长，同时与房东、保正、副甲长等相关负责人约定责任，万一出事可以问责。

比起租房，典房更划算一些。典房是明朝的一大特色，和典当首饰一样的道理：房主没钱时，先典当给别人住，等有钱了可以再赎回。从房客的角度来看，典房仅次于买房，只是没有产权。

有些人可能会觉得，等契约满了房主还得把钱还给房客，等于让别人白住，还不如租房划算。其实这要看怎么理解，能典房的房主，看重的不是房租那仨瓜俩枣，而是那一大笔流动资金。这与钱庄拿百姓的存款去放贷是同样的经营思路，不过是羊毛出在羊身上的套路。但不可否认的是，对于住房者来说，典来的房子比起租来的房子归属感更强一些。

住明式建筑,
用明式家具,掌明代青花

　　明朝的房价不高,对于大多数明朝人来说,有一所属于自己的房子并不是多难的"大明梦",然而,房子买到手之后,接下来的生活是怎样的呢?

　　走进大明人的住房,我们先来看看房子本身。明朝在建筑风格上继承了宋代的特征,房屋在形制上更加规模宏大,具体表现就是屋脊、梁柱、门窗比较考究,更讲究对称。

紫禁城

　　而说到讲究,那是谁也讲究不过皇帝的房子。北京以前是元朝都城,朱棣做燕王时的封地就在此处,但此时他并没有大兴土木兴建王府。而真正开始在房子上下功夫则是到了永乐十五年(1417)之后,朱棣决定将都城从南京迁至北京时。

　　朱棣的住宅——紫禁城建设耗费十四年,永乐十八年(1420),北京皇宫和北京城建成,规模比南京都城更宏伟。故宫之雄伟瑰丽，在建筑艺术上的考究，俨然是中国建筑艺术的巅峰，因此它也成了中华民族的象征。

明朝的民居

皇宫虽然雄伟，但不具有代表性，真的要走进明朝人生活，我们还得看看明朝的民房。由于南北气候差异，明朝房屋以长江为界限，构建略有不同。当时南方城市居民的住房一般是架木建造，砖石很少，早期甚至还有草房存在于大街小巷。这种建筑形式使城中极易发生火灾，甚至蔓延至邻家，因此后来房屋还是改为砖木为主。

北方则是以砖石为主。当然不同地区的房屋建造形式不同，如在山西多以窑洞为主，在山东等地则以茅草混合泥土建房等。

民居的建造一般追求的是舒适，但是由于城市人口密集，故而建造时较为紧凑，很难做到大张大阖的艺术设计。因此，明朝人就把对建筑艺术的追求放在细节上，在建造时追求各种雕刻艺术，为木、石、砖分别雕镂上各种人物、植物、动物等题材的装饰。

除了普通民居，士大夫们的住宅也值得一说。士大夫的宅地一般是自己建造，偶尔也会来自朝廷福利或帝王赏赐，因此与民居相比更加华贵。明朝的士大夫有一个"通病"，就是爱修房子。他们经历官场浮沉后，一般也会积攒一些家业，而后回乡，便穷极土木修建住房与园林。这些士大夫的园林各有风格，但总体而言还是以奢华雅俗并存。这样一个园林既是他们急流勇退之后的避世之地，也是后人得以研究当时文化的重要参考。

嘉靖年间，明世宗信道教，赐给江西上清真人宅地一套，并赏银十万两作为修缮费用。张文僖出任翰林院侍读学士时，也曾因为宅地遭受火灾得到明英宗赏赐宅地。

明朝晚期的著名武将杜文焕则自行建造了一处"五岳草堂"，园中以"岣嵝洞""莲花庵""天中馆""蓬玄阁""太乙楼"这五处景观意指五岳美景。

明朝的家具

既然各个阶层的人们都有了住房，那么他们室内的家具从哪里来呢？在当时，家具制造与贩卖已经形成较为成熟的市场。平民百姓也可以在市场上采购需要的家具。

明　仇英　《东坡寒夜赋诗图》（局部）

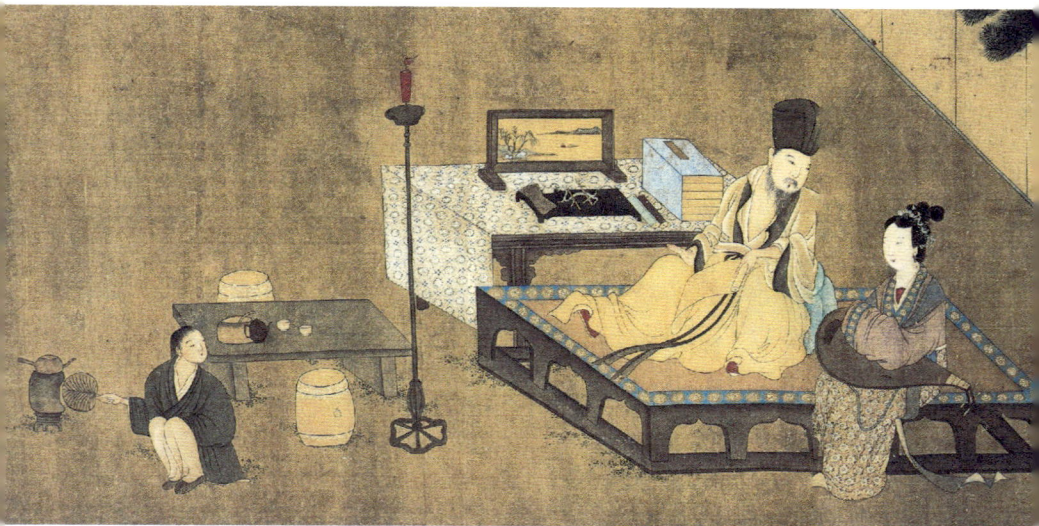

　　以当时的开封城为例，城中有贩卖家具等物件的专门店铺，商家从北京、南京、济宁等地将家具物件收购回来，再将其卖出。除了倒卖商人，还有定做桌椅、木器、陪嫁嫁妆、古玩器皿、衣箱、花盆等物件的店铺。

　　明朝的家具种类十分丰富，家具的制作也是十分精良，大到床榻、桌椅、屏风，小到灯具、笔砚、酒盘无一不是制作精美。

　　家具设计以简洁明快为主，其中添加雕刻工艺。当时的工匠大都技艺高超，他们在进行家具设计时采用雕、镂、嵌、描等手法，将珐琅、螺钿、竹、牙、玉、石等各种装饰用品巧妙地装饰于家具之上，不过分堆砌，也不孤立存在，而是结构精简、适度优美。

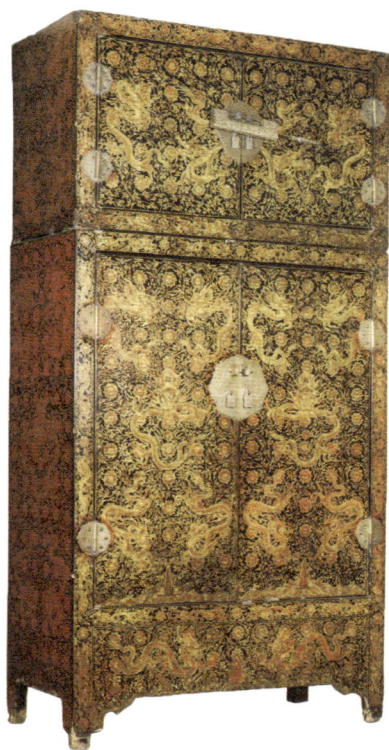

明 黑漆描金龙纹顶箱柜

除了这些家具外，明朝还有最为出名的青花瓷摆件。青花瓷始于唐朝，在明朝得以繁荣。明朝以前的各个朝代虽然都有青花瓷的出现，但是总体来说数量较少，到了明朝才真正将青花瓷发展起来。

明朝当时的朝贡制度和后期的海上贸易，极大地扩充了海外各地对于青花瓷的需求，使得青花瓷在历史舞台上脱颖而出，成为各国竞相追逐的物件。

当时皇宫极为重视青花瓷的挑选，将品质差的青花瓷一并打碎，这也使得明朝青花瓷的制作越发精益求精。青花瓷的制造工艺和纹饰也随着当时不同的历史背景不断发生变化，它也从一定程度上反映了明朝社会变化的过程。

夏天降暑，冬天取暖，
明朝人有妙招

万历二年（1574），内廷颁布一道指令，禁止举人、监生、儒生佩戴"暖耳"。所谓的暖耳就是今天的耳罩，当时多以皮毛制成，北方冬天寒冷，很多人就戴起暖耳来御寒。

万历二年时皇帝还要靠边站，朝廷是张居正说了算，所以这道指令毫无疑问是他的意思。张居正曾担任过国子监司业，深恨读书人不务正业，整天以享乐为事，现在大权在握，以违背祖制的说法让这些读书人挨些冻，想是有恨铁不成钢的意思。只是可怜了京师的读书人，三冬腊月光着耳朵入学，不知道冻伤药准备好了没有。

今天的读者遇到夏热冬寒，首先想到的是开空调、开暖气，但是这些古代是没有的，那么，大明子民是怎样避暑御寒的呢？

避暑

先说避暑。在大自然面前，人的智慧是无穷的，明朝时，我们的祖先已经有很多方法进行夏季降温，率先出场的避暑利器之一就是扇子。在空调还没普及的年代，现代人也用扇子扇风纳凉，这种方法当然是继承了古人的智慧。

明朝皇宫里用的扇子一般是金扇，大都是四川上贡，其中有一种以金铰藤骨制成的扇子最为贵重，这种扇子扇面轻薄如纱绢，两面都写满了金字。

百姓常用的扇子相比于宫廷中的自然比较简朴，一般来说是粗细暑扇，或者是用乌鸦羽毛制成的扇子，这些扇子在每个地域的集市中都有销售。

除了扇子，明朝的人们还用一种叫作"竹夫人"的纳凉工具进行解暑。竹夫人早在宋朝就有出现，它是一种以竹子编制而成的圆柱形物体，中空，内部放置玉石且四周编有网眼，主要是利

明　仇英　松阴独坐　成扇

用中间大气压与外界不同产生空气流动的原理，使得抱着它的人产生凉意。

相传张居正夏季常常因为暑热不得入睡，当时朝廷有一位官员知道了首辅怕暑之事，便自制了一个竹夫人送给张居正，张居正有了竹夫人，再也没有出现夏季不能入睡的问题。

明朝人纳凉还有一种更为实用的方法——掘井。高濂曾在《遵生八笺》中写道："霍都别墅，一堂之中开七井，皆以镂刻之，盘覆之，夏日坐其上，七井生凉，不知暑气。"这表明当时人们已经学会在院中掘井，盘坐于井上，利用地表与地下温差避暑。

保暖

夏季降暑之事告一段落，接着来看看明朝人是如何度过严寒冬季的。在这个问题上，南方的明朝人就不用来凑热闹了，主要还是北方的人们更需要保暖。

很多北方读者也一定听说过"火炕"，虽然现在这种形式已不多见，但在明朝，它是北方最常用的取暖方式。在明朝的皇宫，一般是用大地炕取暖，太监和宫女将炭火置于地炕烧热，以供给室内温暖。但这种比较奢华的取暖方式也仅限于皇宫采用，在普通百姓家中，一般火炕都是睡觉的地方，在不睡觉的时候，一般是采用火盆、火厢等器具取暖。

火盆起源于三国时代，随后流传于后世各个朝代，即使是当时的皇宫，也摆放着无数个火盆。但是火盆也有很大的缺点，那就是极易引起火灾。尽管火盆经常导致火灾发生，但是由于当时并没有更好的取暖办法，人们只能硬着头皮继续使用。

除了加热室温，明朝的人们还有一种保温的好方法——地衣。

"宣城太守知不知，一丈毯，千两丝。地不知寒人要暖，少夺人衣作地衣。"白居易笔下的地衣从唐朝一直延续到了明朝，其本质就是我们现在的地毯。

一开始，地衣只是被铺设在特定的场合，但到了后来，逐渐演变成为一种保暖工具。万历年间，每当隆冬季节，文华殿中就会铺置一层地衣，一则防止走路出声惊扰圣驾，二则用来取暖。

当然，除了以上这几种方法，取暖最直接的方法就是加衣服。俗话说得好，"千层单不如一层棉"，如果家里有条件，明朝人还是最喜欢在衣服上下功夫的。

明朝时期，棉花已经被作为保暖材料大面积推广，宋应星《天工开物》中就曾经记载"棉布寸土皆有"，也就是说此时明朝的老百姓已经可以缝制一身棉衣度过寒冷的冬季了，冬天穿上一层厚厚的棉衣，可能未必雅观，但至少可以帮北方的老百姓抵御严寒了。

明朝豪宅随便住？
想多了

　　嘉靖末年，大奸臣严世蕃被流放，因为严家余威尚存，严世蕃偷偷从流放地跑回老家江西袁州，拿出当年当官时贪污的钱财，大肆修建豪宅。此时，严世蕃早已不是官身，却依然高调，结果刚好得罪了袁州地区管司法的一位官员。

　　这位官员一纸诉状将严世蕃告上朝廷，严世蕃就这样被锁拿进京，之后在大学士徐阶的一番运作下，这个恶贯满盈的奸臣终于人头落地。虽说严世蕃最终并非因为豪宅而死，但一切的导火索却是他兴建豪宅，所以说明朝的豪宅还真不是什么人都能住的。

　　所谓"没有规矩不成方圆"，在明朝，不仅吃饭穿衣有规矩，连房屋宅地也是规矩颇多。明朝土地分为两类，一种是"官田"，也就是官府用地；一种是"民田"，也就是百姓用地。《明史》记载："初，官田皆宋、元时入官田地。厥后有还官田，没官田，断入官田，学田，皇庄，牧马草场，城壕苜蓿地，

明　尤求　《葛洪移居图》

牲地，园陵坟地，公占隙地，诸王、公主、勋戚、大臣、内监、寺观赐乞庄田，百官职田，边臣养廉田，军、民、商屯田，通谓之官田。"

　　也就是说，明朝时期的官田最初是宋朝、元朝时期官府用地，到了明朝依旧将其作为官田管理。官田还有还官田、没官田、断入官田、学田等，这些田地包括朝廷赏赐、民田被没收、无法判断归属的、归地方学院的各种土地，除了这些之外才是民用土地。

洪武四年（1371），朱元璋按照前朝的各种土地法律制度对皇宫成员的房屋进行了限制。为了秉承自己朴素简约的治国理念，他规定当时皇室亲王不得使用杂乱的色彩进行房屋建造。王府建筑的每个部分都有严格的颜色规定，亲王的宫殿只能用朱红、青色和绿色，其他的家庭居室，只能用淡青色和碧绿。除此之外还对王府的修饰风格进行限制，比如当时的各个王府宫殿大门以及城楼都只能用青绿色进行装饰，宫殿用金边修饰。

王城的规模也有严格的限制："王城高二丈九尺，下宽六丈，上阔二丈，女墙高五尺五寸，城河阔五丈，深三丈。正殿基高六尺九寸，月台高五尺九寸，正门台高四尺九寸五分，廊房地高二尺五寸。王宫门地高三尺二寸五分，后宫地高三尺二寸五分。"

随着官员的住宅建设，终于在洪武二十六年（1393），朱元璋对房屋的等级也做了规定。

按照当时的条例，每个品级的官员都有固定的住宅规模限制。一品二品官员住宅可以建造五间九架的门屋，也就是门房可以建造三间五架，品级越往下的官员房屋住宅面积越小，建筑物的装饰也越朴素。平民百姓居住的房屋不允许超过三间五架，也不允许做大量的彩色装饰。也就是说按照身份等级的不同，官员和百姓居住的房屋规模都不相同。

到了正统年间，朝廷又重新规定，官员百姓的住宅架数可以加多，但是间数还必须按照原来的规定不变。

但即便是这个制度，也赶不上官员们对房屋的需求。因为当时的法律并没有限制百姓的房屋买卖，也就是说一户人家或者是一个官员，尽管自身的住宅标准有限制，但是却能够按照这个标准购买多个房屋。

不仅如此，律法也并没有限制房屋的建筑层数，这就导致当时想要增加房舍的官员百姓以楼层来进行房屋改造。在这一点上

明 《做瓦片筛土图》（局部）

我们从现在各个省市遗留的明代古建筑就可以知晓，例如现在山西晋城市内有一所明朝建筑，建造于万历年间，房舍正厅之后竟然全是楼房。

到了明朝后期，住宅制度更是形同虚设，商业的发展以及当朝官场的奢靡之风使得当时的官员百姓都趋于建造更加华贵的住宅。根据有关书籍的记载，有的地方庶民都可以建造"屋有厅事，高广倍常，率仿效品官第宅"的房屋。到了嘉靖时期，平民百姓之中的钱财巨户甚至会花费千金进行房屋修缮。

平民尚如此，更不用说当时的商人阶层了，商人们在明朝后期不仅爱好修缮房屋、园林，家具器物的购置装饰也是精益求精，他们在当时甚至以鸡毛为扫帚，以丝绸为抹布，以瓷器为装饰，家中的各种器物无一不是奢侈华丽。

第四章 行

方言千万种，
明朝人的"塑料普通话"

晚明政治败坏，民不聊生，农民起义此起彼伏。在当时农民军与大明官军作战的时候有一个有趣的现象：农民军往往在阵前收买官军，收买的方式是先大声喊话，晓之以理、动之以情，然后再搬出金银财宝诱之以利，这样一套组合拳下来，双方基本上就把酒言欢了。

但后来明王朝调来辽东的关宁铁骑，农民军这套办法便不好使了。那么是关宁军政治觉悟高吗？其实不是，原因用明史的话是"边军无通塞语，逢贼即杀"。东北关宁军碰到西北农民起义军喊话，根本不知道对方在说什么。

中国自古疆域辽阔，辽阔的疆域缔造了不同的方言，这天南海北的方言凑在一起，不知能闹出多少笑话。而且，语言不通会导致政令不通，进而耽误国事。所以就需要寻找一个妥善的解决办法，办法就是推广普通话。

在一个疆域辽阔、方言众多的国家，统治者早就注意到统一语言是一个重要问题，所以即使是在各自为政的分裂时期，各国之间也是有通用语言的。比如春秋战国时的通语叫雅言，那些舌辩之士去各国游说，都使用雅言，听着高端大气。试想一下，要是张仪操着一口正宗的山西方言游说楚王，凭他才高八斗、舌灿莲花，也是鸡同鸭讲。一般来说，每个朝代的通语，往往有个约定俗成的规律，即定都于哪里，哪里的方言便通行全国。一如两晋时期，以洛阳音为通语；元朝定都北京后，以北京话为通语。有人想当然地认为："明朝以北京为都，定然是以北京话为通语，我们现代人如果回到大明，岂不是可以畅通无阻？"思路不错，只是可惜明朝的普通话是太祖朱元璋定的，所以不是北京话，而是南京话。

明朝的普通话叫官话，不是当官人说的话，而是通行天下的普通话。太祖朱元璋定国之初就开始着手制定统一的官话，洪武元年即命人编纂《洪武正韵》并颁行天下。这部书是明朝正宗普通话的发音规范，不但规范了明朝的通用语，还影响了当时朝鲜、日本等东南亚诸国的文字和语言。

明朝原本定都南京，南京即是政治、文化的中心，官话自然要以南京一带的江淮话为基础。但考虑到纯粹以一个地区的方言为官话，不能较好地表达和沟通，所以，明朝官话以江淮话为基础，又兼顾了其他地区的语言，是一种改良了的语言。朱元璋的儿子朱棣迁都北京后，并没有改官话为北京话，仍沿袭祖制。

口语如此，写却是另一回事，明朝的官方文书依然以文言文为主，言简意赅。直到话本小说出现后，官话才不再局限于口头交流，开始出现于书本之上。《西游记》、《水浒传》、《金瓶梅》、《三言二拍》这些著作，读起来鲜活有趣，与使用口语官话是分不开的。读着"小儿阔"（小气）、"胡里八涂"（糊涂）、"一得儿"（一点）、"作死"（找死）这些字眼，南京人一定觉得很亲切。

明朝官话的推广并不顺利。《洪武正韵》推出后，首先受到了士子们的抵触，因为这与他们习惯的传统音韵相悖。如果学院不教，读书人不说，所谓的推广官话，也就是空言。于是，太祖朱元璋想了个办法。

一日，太祖问《洪武正韵》的主编宋濂："你说如何推行官话？"

宋濂是个书生，于政治并不精通，于是皱眉道："说到底，文化需读书人传播，倘若读书人不认可，此事便难办了。"

太祖微微一笑，道："那就从当官的开始推广。"然后斜眼看了一眼茫然的宋濂，也不解释，直接命人拟旨，率先在官场推行《洪武正韵》，作为国语推行。并规定，若有官员不说国语，罪杖十。

官场的风向代表着上流社会的风向，当《洪武正韵》在官场上流行开来后，便也意味着，带有此等韵味的官话是高贵的象征。且不说那些有志于仕途的读书人，就是普通人也会纷纷跟风学那种腔调，在亲朋好友中炫耀炫耀。

爱跟潮流，或者说最先接受新鲜事物的往往是小年轻和地方乡绅，他们对学习官话给予了极大的热情。

话说有一对兄弟，外出经商时学了几句官话。等回到村里时，哥哥内急，便在河南岸解决，叫弟弟先行回家。家中老父见只回来一个儿子，便问道："你哥哥呢？"

小儿子想显摆一下自己学到的官话，于是答道："撒屎。"

父亲大惊，变色道："什么？在何处杀死的？"

小儿子答："河南。"

父亲闻罢，大恸。正哭间，大儿子回来了。父亲又惊又喜又恼，质问小儿道："为何说假话气我？"

小儿子道："我没说假话，说的乃是官话。"

另有一位乡绅在官场上跟人学了许多官话，为了炫耀，平素跟乡里人也以官话应对。有人问他："你怎么说话怪腔怪调的？"

乡绅鄙夷道："这是官话，怎是怪腔？现在除了老杆儿，在地里做活的窝囊人，哪个不说官话？"

乡人听闻此言，虽然不悦，心下却也觉得不会说官话就是没文化，没见识。

当人人以学官话为时尚时，大局已定。《洪武正韵》推广不出两年，明朝上下皆认可了官话。此时朱元璋又颁旨，令学院教习官话，从源头推广。自此，官话正式为全民接受。

想出远门，
路引带了吗

在现代，我们可以轻而易举地实现"世界这么大，我想去看看"的梦想。然而，在明朝，如果你想出去看看，可没有那么容易。

明朝和其他朝代一样，在各地关门都有官兵把守。如果有人出城，必须要有路引。明代的路引是由汉代的"传"，唐代的"过所"，宋代的"公凭"演变而来的，它是一种旅行的通行证件。

明朝初期，明太祖为了治民不乱，设立了严刑峻法和路引制度。弘治《大明会典》载："凡军民人等往来，但书百里者，即验文引。凡军民无文引及内官、内使来历不明，有藏匿寺庙者，必须擒拿送官。"

也就是说，在明朝如果你想到百里之外的地方办事，就必须先向里甲（明代基层组织）申请，再呈报州县审核。核准通过缴纳银钱后，地方官府会发给你一张雕版印刷或者手工填写的路引。

《万宝全书》中载有明朝路引的基本内容："某县某都某里某人，为告给文引事，身因往某处买卖（或探亲、求学、远游），犹恐沿途经过关津把隘去处，恐有阻隔，理合告给文引，照身庶免留难，为此给引。"

路引上面必须盖着州县印章，写着你的名字、年龄、籍贯、事由、起讫时间等。

明万历（明神宗时期）时任刑部侍郎的吕坤曾经设计了一份非常详细周全的路引，他规定路引上除了名字、年龄等基本信息，还要注明了持路引者身高体貌特征，以及持路引者的父母家人身份。

例如《实政录》记载的"年若干岁，身长几尺，无髯微髯，方面长面瓜子面，白色黑色紫棠色，有无麻疤……"，就是对体貌特征的要求。这些要求小到胡须、麻子、肤色，比现代的身份证上的信息还要精细。

路引一般为长方形，横窄竖长，宽约17厘米，长约34厘米，四角和左侧都留有大片空白，供地方官员填写文字和加盖印章。

路引制度非常严格。军民沿途穿城过关，会有兵丁盘查。盘查过程中，一旦兵丁发现军民不持路引，冒名顶替使用路引，或逃避关卡查验，军民则会受到重罚。

《明会典》中的《私越冒度关津》中载："凡无文引，私度关津者杖八十，若关不由门，津不由渡，而越度者，杖九十。……守把之人，知而故纵者，同罪。……若有文引，冒

名度关津者，杖八十，守把之人知情，与同罪。"

如果军民不带路引过城门、关卡、渡口，打八十大板；如果军民因为害怕惩罚而翻越城门，绕过渡口，逃避盘查，打九十大板；兵丁把守不严的，以同罪论处；没有路引，借用别人路引的军民，打八十大板；兵丁没有盘查出来的，以同罪论处。

明朝官府使用的板子分为"杖"和"笞"两种，杖是很宽的板子，俗称大板，笞是很窄的板子，俗称小板。行刑者通常都是在犯人的脊背或臀部行刑，下手狠一些的行刑者，二十大板就能把人打残。可想而知，出门不带路引，被打个八十大板或九十大板，极有可能小命不保。

在路引制度方面，明朝也不是完全不讲情理的。比如《明太祖实录》载："洪武六年六月癸卯，常

明 董其昌 册页一帧《景观》

州府吕城巡检司盘获民无路引者，送法司论罪。问之，其人以祖母病笃，远出求医，急，故无验。上闻之曰'此人情可矜，勿罪释之'。"

意思是，洪武六年（1373）六月，常州府吕城巡检司盘查到一位没有带路引的百姓，把他送到了官署问罪。官署中的官员盘问后，得知这位百姓因为给自己的祖母看病，没有来得及申请路引。官员认为此情可以宽恕，最终放了这位百姓。

不过，你千万不要因此抱有侥幸心理。毕竟，明朝的制度总体来说还是很严格的，并且并不是所有的官员都会认真听你讲述没有带路引的原因。为了以防万一，出门的时候最好还是乖乖办好路引，并随身携带。

等办完事情回程归里后，你还要将路引缴还，予以注销，并向当地里长或老人禀报。

当然，也并非人人出行都需要路引。例如《大诰》第四十六《文引》载："凡布政司府州县耆民人等赴京面奏事务者，虽无文引，同行人众，或三五十名，或百十名，至于三五百名，所在关津把隘关去处，问知而奏，即时放行，毋得阻当。阻者，论如邀截实封律。"这就是说，去京都告密的地主豪绅是不需要路引就可以进入京都的。

明朝后期，朝廷逐渐腐败，有的皇帝开始怠政，明太祖制定的严明制度在这时得不到严格推行，路引制度也就相对比较宽松了。

出门在外，
认路、住店都是学问

在古代出门长途旅行的人特别少，大部分普通百姓一辈子都守着自己的一亩三分地。尤其是明朝初期，明太祖非常重视农业，为了能够让百姓好好种地，颁布了很多农业制度。

那么，万一明朝人有事需要出门，或者厌倦了种地生活，想要来一场说走就走的旅行，是否可行？在联系到前文所讲的路引的前提下，答案肯定是可以的。不过，明朝没有导航，很多地方人也特别少，在旅途中，明朝人怎么认路，怎么住店呢？

明朝的道路

首先我们来了解下明朝的道路。明朝的道路虽然没有现代××街、××路这种标志，但是明朝道路的名称并不比今天少。比如人和车常走的叫作道或路，比较宽阔的叫作康、庄，岔路多的叫作衢、逵等等。

其中，最具特色的莫过于明朝官道。官道是朝廷为了传递情

明　仇英　《子路问津》

报、运输物品和军资，在各州、府、县修筑的道路，同时，人们为了供官员传递公务、办理事务，又在官道的基础上修建了很多驿传（驿站）。

通常，在官道和驿传上面都设有相关的字样标志，所以根据这些标志我们就能知道自己走到了哪里。当时，很多进京赶考的人就是通过这些官道和驿传顺利到达京城的。

那么，在没有官道、比较偏僻的地方又该怎么认路呢？

其一，我们可以通过树木辨识方向。很早以前，古人就习惯在道路两旁种植树木，而且这种习惯一直延续到今天。所以在明朝我们也可以跟着道路两旁的树的引导走。《国语·周语》记载的"列树以表道"指的就是用树当作路标。

其二，早在东汉时期，人们就开始堆砌一些土堆来做路标，他们把这些土堆叫作"堠"。为了管理和养护这些"堠"，历朝历代还专门设立了一些官员。这些土堆虽然比较简陋，但是他们具备标记路途远近的作用，并且每个土堆之间间隔相同，可以说是一个不错的简易定位器。

说到这里，有人可能会有疑问：陆地可以依靠这些认路，那水路呢？如果在一望无垠的大海之上，我们又该怎么认路？

其实，这也不难。最简单的方法就是观察北斗星。众所周知，北斗星一直在北极星也就是北方方向，利用北极星我们就能判断出东南西北。早期的航海者大多都是依靠北斗星来指引航向的，可以说北斗星是航海天文学的开端。

还有一种办法就是使用明代的牵星术。牵星术就是用牵星板来测量星斗高低位置，从而计算船舶与陆地之间的距离。

牵星板是用优质的乌木制成的，从大到小一共有十二块正方形木板。使用时，人们左手拿着牵星板一端的中心，伸直手臂，眼看星空，通过牵星板上边缘的北极星和下边缘的水平线来测算所在地的北极星距水平线的高度，进而计算出所在地的地理维度。

为了方便使用牵星术，明朝人编制了过洋牵星图和天文航海口诀。根据地图和口诀，普通人也能轻易知道自己所在的位置。

如明末抄本《航路专书》中记载的《定太阳出没歌》提道："正九出乙没庚方；二八出兔没鸡场；三七出甲从辛没；四六生寅没犬藏；五月出艮归乾上；仲冬出巽没坤方；惟有十月十二月，出辰入申仔细详。"其描述的就是十二个月的太阳出没时间。

明朝的住店

说完认路，我们再来说说住店。在明朝，解决住店的方案也是

明 崔子忠 《藏云图》（局部）

五花八门。

通常官员出行时，都会在各州、府、县的驿站居住。驿站内有被褥、食堂等，可以供官员使用。不过，如果普通人去驿站居住，只会被驿站的人赶出大门，因为明朝所有的驿站都是官员专享，普通人要想住店，还是乖乖去找客栈吧。

明朝的客栈也有等级之分，其住宿条件也良莠不齐。其中，很多普通和下等的客栈是不提供被褥、枕头、蜡烛这些东西的。因此如果你没有足够的盘缠，最好还是自带被褥行李。

据载，明代文学家王世贞游太湖时，一共雇了三艘游船，其中有两艘都是用来装载行李的。可见，在明朝出一次门真的很不容易。

如果你运气不好，走到了一个前不着村后不着店的地方，那么你只能借宿在周围的民宿、寺庙或道观了。值得一提的是，寺庙和道观并不是免费的，有的寺庙、道观会用香火钱的方式收取费用，有的也会直接说明收费标准。

"春运难"
明朝也有

木心的诗《从前慢》里说："从前日色变得慢/车，马，邮件都慢/一生只够爱一个人"。古代人似乎过得很悠闲、很雅致，人生有大量的时间来沉淀。但其实，如果真的穿越回古代，不用看别的，光看一看大明王朝的"路上景象"，相信很多人就会有不同看法了。

明朝的"春运"

大明路上景象最具有代表性的就是"春运"，为什么明朝也有春运呢？这还要从明朝的官员制度说起。明朝官员选拔聘任中有一条独特的规定——地域回避，用通俗的话解释，就是张村的村主任不能让张村的村民担任，而要选一个其他村的村民担任，这么做的道理很简单，怕本乡本土的官员徇私舞弊以至于形成乡土势力。

但也是由于这个特殊的制度，每到春节前后，就有一大波在异地的务工人员需要返乡，而这些人尤以政府公务人员居多。

中国人讲究团圆，春节又是中国最重要的节日，因此中国人一定要在这一天与家人团聚，不管是舟车劳顿，还是耗时良久，这些异乡为官的官员们也都要回家，这便奠定了明朝春运庞大的人口基数。

但这里有一个疑问，为什么明朝官员不直接将他们的家人安顿在他们当官的地方呢？这样既避免来回奔波，又方便照顾家人，但是明朝初期的律法却不允许这样做。

首先，户籍制度严格限制着明朝百姓的迁移，明朝百姓的流动必须出示官府的路引，外出不带路引则会被官府捉拿并直接判刑，官员有政府身份，官员的亲人可没有，在大明统治者的眼中，再大的官员，其家属也是普通老百姓。

其次，官员亲眷如果随同官员到任，很容易影响到官员任上行为，说难听点就是形成裙带势力鱼肉当地百姓。

笔记小说记载，湖广一位巡抚微服私访，遇到一位县令转任，身边除了随从师爷之外还带了几十个亲眷，什么七大姑八大姨应有尽有，看到此情此景，巡抚当场就把县令免了职，用巡抚的话说："你这个小小县令，还没上任就带着这么一群牛鬼蛇神，真到了任上，还不把当地的地皮刮得三尺高！"

再说回到明朝的春运。明朝的人们想要回家，可选择的方式不外乎轿子、车马、船舟这三种。

第一种工具轿子，明朝轿子以人力驱动，分为二人抬、

四人抬、八人抬，比起其他几种交通工具来轿子较为舒适，但缺点是既费钱又慢，而且还有规制限制。明朝初期普通人是不能坐轿子的，到明朝中后期，普通人也只能坐二人抬的小轿，八人抬的大轿子只有封疆大吏或皇帝特批才能坐，坐了不符合身份的轿子，最轻也是要被打板子的。

嘉靖年间海瑞任应天知府，一贯骄横的南京镇守太监路过应天，一听海瑞在这地方，吓得连滚带爬，饭都没敢吃就吩咐启程，结果刚走到一半觉得不对，自己的轿子不符合品级，又吓得连忙下轿，下属找不到合适的轿子，他宁肯步行也不触海刚峰的霉头。

坐轿子这么麻烦，在急忙赶路回家的春运时期，明朝的人们必然不会选择这种方式。

第二种工具车马，一般是北方人使用。北方平原较多、河流较少，地形平坦，因此适宜驾车。马、骡、驴、牛是当时车子的驱动器，它们在明朝被人们称作"头口"。想要乘坐这种交通工具回家，还需要雇佣一位车夫，自然需要"破费"一番。但是花钱归花钱，这种方式回家速度还是比较快的。

第三种工具船舟，一般是在河流较多的南方使用。那时的水路已经较为发达，各个水路当中一般都有收费载客的船只。根据资料记载，当时的水路不仅白天通船，夜晚也有夜航船只。夜航船一般是来往于各个大城市之间，时间固定。如果身处南方，乘坐船只则是一种上上之选。

为了方便行路，明朝更修缮了众多道路以供车马、船只行走。根据洪武年间书籍记载，当时的道路已经以南京为辐射中心向外分散，纵约10900里，横约11750里。永乐年间迁都之后，又以北京为中心重新修建了大量道路，道路之间还有朝廷设置的各个驿站。

尽管有通达的道路和便捷的交通，但是还不足以支撑明朝的春运大军。大量的官员百姓都要在同一时期返乡，路途中车马、船只都需要人来指挥、出力，既不能昼夜不寐，还需要休息调整，交通压力可想之大。

据记载当时的大臣王锡爵春节乘船回家探亲，快到靠岸码头时远远一望，码头乌泱泱的全是船只，等到靠岸已经过了将近两个小时。还有一位国子监的学生杨廷和春节回家省亲，在回家路上硬是耗费了半月之余。光是这些朝廷之人回家已经如此艰辛，更不用提寻常百姓返乡了，所以，"从前慢"的背后，其实是大明人无法摆脱的舟车劳顿。

寄快递？
明朝人的物流挺发达

如果问谁是全世界最被惦记的人，快递小哥必须榜上有名。尤其是在各种购物节期间，多少人心心念念盼着："他怎么还不来啊？"

提起快递行业，很多人可能认为这一行业是现代社会才有的，其实不然。早在古代时期，快递业就已经存在了。

民信局

在唐代就已经出现了"邮驿"和"急递铺"等快递机构，只不过当时的快递机构只能传递政府公文，普通老百姓只能通过熟人来传递信件和物品。

到了明朝永乐年间，出现了一种专门为民间传递信件的组织——民信局。永乐年间的商品经济十分繁荣，商人与商人间需要一种业务上的联络，而且很多货物的集散和资金的汇兑都需要专门机构来承担，为此明朝人创立了民信局。

民信局的主要业务范围有传递信件、包裹、钱款和票据，有些民信局还可以运送货物。当然，收发快递也是需要邮费的。明代的邮费分为两种，一种叫作"酒力"，即普通邮费，另一种叫作"号金"，即邮件保险费。至于邮费具体数额，则由各民信局自定。

驿传

除了民信局之外，明朝还有一种快递机构非常出名，那就是被称为古代中央与地方消息互传的"电话线"——驿传。

驿传在西周时期就已经出现了，它的主要职能就是传递公文信件和物资，招待各地往来人员以及替往来人员更换马匹或船只等交通工具。

发展到明朝，驿传已经变成了官方处理公务，办理事务的最重要的交通设施。从京城到各个地方的交通重要枢纽都设有驿传，这些驿传可以为来往官员和驿传人员供应车马，还可以供官员休息。

驿传如此发达，那么岂不是可以天天给亲朋好友寄信、寄物品，传达相思和慰问了？如果有人这么想，那就大错特错了。

其一，驿传是供官方传递信件和物品的机构；其二，《昭代王章》载："非军国重事不许给驿"，因此一般的政务是不可能轻易使用驿传的。此外，洪武二十六年（1393），明太祖颁布的《应合给驿示例》中详细限定了符合用驿马驿船条件的人员，规定以外的人员一律不得"擅自乘驿传船马"，违者重罚。

所以，普通百姓要想慰问亲朋好友，还是乖乖去民信局掏钱邮寄信件、物品吧。如果实在相思难耐，那就只能长途跋涉，千里访友了。

因为明朝疆域十分辽阔，以及与国外的交流十分频繁，所以明朝驿传的规模和数量也十分强大。

在一般人的印象里，一个驿传的规模再大也大不到哪儿去，顶多和一个客栈差不多。但实际上，明朝的驿传非常宏大，例如江苏省现存的盂城驿在明朝鼎盛时期，拥有100多间厅房，其中正厅和后厅各5间，库房3间，廊房14间，马房20间。除了厅房之外，盂城驿还拥有65匹驿马，18只驿船，200多名马夫和水夫等等。即使像贵州现存的规模比较小的龙场驿，也有20多名驿员，20多匹驿马以及20多套被褥卧具。

明 张宏 《函关紫气图》（局部）

　　还有一些比较大的驿传其规模相当于欧洲中世纪的城堡，比如河北省怀来县的鸡鸣驿就是明代建立的一座特大号驿传城堡。史料记载，鸡鸣驿在明成化八年就建有土垣。隆庆四年（1570），明朝人把鸡鸣驿升级成了砖修城池，全城周长达2330米，城墙高达12米。要知道宋代很多县府的城墙高度也不过三四米，鸡鸣驿的城墙放到宋代已经和当时的开封府是一个级别了。

　　为什么明朝人要把一个驿传的城墙修得这么高大呢？这与驿传的军事作用有着很大的关系。驿传在明朝不仅是传递公文和物品的机构，还是转运粮食和军器等军备物资的中转站，所以作为前线战区的重要信息节点和大型物资储备基地，明朝人自然要把驿传的城墙修得又高又厚。

驿传的严格制度

鉴于驿传的重要性，明朝的统治者为了保证驿传制度的正常运行，制定了非常严格的检查和监督制度。

在驿传办事效率方面，《大明律》做了详细的规定："凡铺兵递送公文，昼夜须行三百里。稽留三刻笞二十，每三刻加一等，罪止笞五十。若损公文一角笞四十，每二角加一等，罪止杖八十。"

送加急公文，晚45分钟就要鞭笞二十下，每晚45分钟还要罪加一等。损坏公文同样要受鞭笞，甚至是杖责。这样看来，明朝的驿传快递员也是一份危险性极高的工作。

不仅快递员，明朝的统治者还对驿传使用者也做了严格的规定。《大明会典》载："凡在内公差人员，系军情重务，及奉特旨差给驿，兵部填给勘合，所差人员，转赴内府，关领符验，给驿前去。"可见，当时明朝对驿站使用者身份也有很严格的规定，普通人随便使用驿站很有可能会受到严惩。

但在明朝中后期，由于律法渐渐腐朽，驿传制度的弊端也慢慢显露。当时明朝的达官显贵经常与驿传的人同流合污，凭借特权滥用驿站，致使很多军机和军需无法按时传达，贻误军情，动摇国本。

另外，明朝驿传的一大问题在于，中央不提供固定的驿传费用，而让地方百姓摊派驿传费用。这一制度导致地方富人常年都要承担各种牲口管理费用以及驿传其他费用，而那些负担不起驿传费用的穷苦百姓则被拉去充当免费劳役。因为这一弊端，明朝驿传周边的矛盾不断增多。

没有移动支付？
明朝人买东西如何付钱

古装影视剧中，我们经常看到那些行走江湖的大侠随手从怀里掏出一些银子结账这样的情节。在真实的古代生活中，人们真的经常使用银子付钱吗？答案是否定的。就明朝人而言，不是所有人都用银子付钱的。

明朝人在不同的时期使用的主要货币不尽相同。总体来说，明朝的主要货币有三种，分别是大明宝钞、金银（主要是白银）、铜钱。

大明宝钞

明朝初期，明太祖为了稳固自己的统治地位，曾经多次发动北伐蒙古的战争。连年的战乱导致社会经济停滞，明太祖为此采用了一系列政策恢复社会经济发展，制造大明宝钞就是其中的一项政策。

明朝的大明宝钞长为33.8厘米，宽为22厘米，展开比一个小型

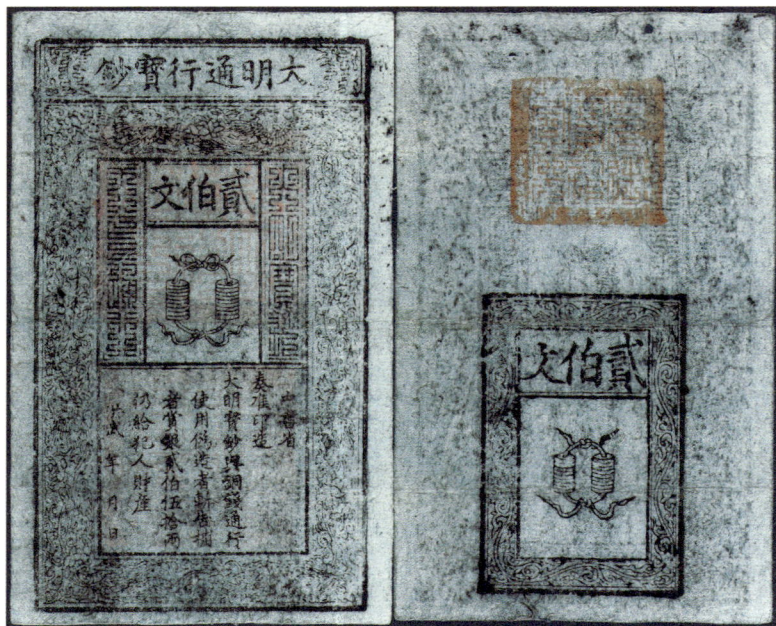

大明通行宝钞

笔记本电脑还大，是迄今为止世界上最大的纸币。它的原料为桑皮纸，外围有防伪龙纹花栏，横题印有"大明通行宝钞"字样，中上部标注着宝钞的面值，面值两侧用篆书写着"大明宝钞，天下通行"字样，中下部印有"中书省准奏印造大明宝钞与铜钱通行使用，伪造者斩，告捕者赏银二百五十两，仍给犯人财产"字样。

明朝初期的大明宝钞面值一共有六种：100文、200文、300文、400文、500文和一贯（1000文）。根据学者推算，明代初期的1文钱相当于现在的5角钱，也就是说明朝初期发行六种大明宝钞相当于现在的50元、100元、150元、200元、250元和500元。

　　刚开始发行大明宝钞时，为了推动大明宝钞的流通使用，朝廷制定了非常严苛的措施。譬如，持有金银者，不许私下交易，只能卖给政府；进行大额交易时禁止使用铜钱；伪造大明宝钞者处以极刑等。

　　在这样严苛的政策之下，大明宝钞的确得到了广泛使用。然而，大明宝钞有一个致命的缺陷：朝廷只允许用金银换宝钞，不允许用宝钞换金银。

　　长此以往，明朝人手中只有宝钞，没有金银，可想而知，宝钞就一再贬值。到了洪武二十七年，1贯宝钞只能兑换到160文（80元）铜钱。甚至在英宗时期，1贯宝钞只值10文（5元）铜钱。在明孝宗以后，大明宝钞基本退出了历史舞台。

白银

　　其实在明英宗即位时，明朝的大明宝钞制度已经崩溃了。政府为了保证正常的经济生活，只好放开禁白银政策，从此白银开始合法流通。

　　不过，中国并不是产白银的大国，白银在中国的数量一直不是很多，明朝中前期的白银数量也十分有限。

明都水司正银　一百两银锭

据史料记载，明代中期之前，政府发放的大部分赏赐和军费开支都没有白银的记录。

隆庆元年（1567），朝廷解除海禁，允许民间私人进行海外贸易之后，数以亿计的白银才从海外源源不断地流入明帝国。据学者估算，公元1540—1644年这100余年间，从日本流入中国的白银有7500吨左右；明朝晚期涌入明帝国的白银高达两三亿两。

大量白银的涌入为白银的流通提供了基础，朝廷逐渐开启了"朝野率皆用银"的局面。相关资料显示，在景泰和天顺年间，明朝民间90%以上的交易都是通过白银结算的。到了成化年间之后，整个明帝国基本全部使用白银进行交易。

铜钱

至于铜钱的流通，几乎贯穿了整个明朝。洪武七年

（1374）前，铜钱是主要的流通货币；明朝初期，属于大明宝钞和铜钱并用时期；明朝中期是白银和铜钱并用时期；明朝后期，白银成为主要的流通货币。

明朝历经十六位帝王，但铸铜钱的帝王屈指可数，具体有明太祖首创的官制铜钱——"制钱"，明成祖创制的永乐通宝，明宣宗创制的宣德通宝，明世宗创制的嘉靖通宝等，都属于明代的铜钱。

其中，明成祖创制的永乐通宝是流通最为广泛的铜钱，也是明代对外贸易的主要货币。在当时，西洋、南洋许多国家都使用中国的铜钱，日本和越南等国也曾经大批仿铸和使用永乐通宝铜钱。

据载，郑和七次下西洋，每次出发时船上都会载满金银、丝绸、青花瓷器和大量的永乐铜钱。二十世纪七十年代，考古学家在东沙和西沙群岛的水下考古中，发现郑和船队沉船上有大量的永乐通宝铜钱。

没钱怎么办？

去"银行"贷款就可以了

　　如果明朝人缺钱了，他们要怎么去借钱呢？有人说，可以向朋友借。诚然，这种方法是可行的。不过，那时很多人都特别好面子，缺钱想问朋友借，还得绞尽脑汁写一封书信，语句还要十分委婉，一来二去等钱借到，大半个月都过去了。若是碰上友人也手头紧，等了大半年，只等到一句"俺也没钱"，借钱的人肯定崩溃至极。

　　其实除了向友人借之外，明朝人还有一种借钱方式，那就是去钱庄借。明代的钱庄就相当于现在的银行。既然有银行，那明朝人是不是就可以放心借贷了？不是的，明朝的钱庄并不简单，并非人人都可以使用的。

　　至于其中缘由，就要从明朝钱庄的兴起说起了。

　　明朝的钱庄起源于钱铺，又叫作"钱肆"。明朝初期，明太祖创制的大明宝钞的确得到了广泛使用，但在最开始的一段时间里，民间各种自制的银钱在市面上大量流通，单说铜钱的种类就有几十种。这种现象直接导致了明朝的货币繁杂，难以分辨真假。

朝廷为了改善这种局面，开始致力于建立一些能够兑换钱币的机构，因此"钱铺""钱店""钱庄"等店铺应运而生。

万历五年（1577），明朝一位善理财的知名大臣庞尚鹏奏请设立商铺。他认为可以由市镇中殷实的富人共同集资，创办钱庄。一时之间，江南地区的黄金水道（今苏州河下游至上海松江一带）便陆续开设了很多的大大小小的钱铺，明朝的钱庄因此而兴盛。

最早的钱庄见于明朝人写的《洞箫记》。嘉靖年间问世的长

明　仇英　《清明上河图》局部

篇白话世情小说《金瓶梅》中也多次提到"钱铺",如某章节内容:"昨日听见陈三儿说你在这里开钱铺"。

钱庄刚开始兴起的时候,很多开设钱庄的商户并不是只做一些简单的银钱兑换业务,他们为了能够获利经常会兼营其他业务。对于这些商户来说,兑换银钱只能算是他们的一个副业而已。

比如有的商户在兑换货币的同时,还会进行生金银买卖。明末小说《醒世姻缘传》中就曾载:"为与计家打官司贿赂官府,晁源家两个差人打进帖子,虽在那'五百'上面也标了个日子,旁边却又批了一行朱字道:'逮再换叶金六十两,立等装修圣像应用,即日交进领价。'两人把与晁源看了,只得一一应承,差了人,各处当铺、钱桌,分头寻觅足色足数金银,分文不少,托得二人交付进去。"

文中的晁源为打官司贿赂官吏,费了100两银子和60两金叶子。为了换得这些金叶子,晁源四处寻找当铺、钱桌,可见当时的钱桌也就是钱庄也和当铺一样,从事生金银买卖。

而且,很多做钱庄的商户们,他们最开始做的生意与兑换货币毫无关系。譬如宁波钱业鼻祖称"方七"者,原本是一个鞋匠;又如南昌、上海的一些钱庄在做钱业的同时兼营米业,所以他们的钱庄又称"钱米店"等。

明朝末期,钱庄已经成为一种独立的新兴行业。这时的钱庄不仅可以兑换货币,而且还经营存款、贷款等业务。后期钱庄衍生出来的钱票和现在的钞票作用差不多。

当时,很多经商的商人外出采办货物时都不会带大量的银钱，而是在各地的钱庄分行随时随地取钱。最繁荣之时，许多农村地区也出现非常小规模的钱铺，不过这些钱铺大多都是兼营店铺，其"银行"作用很小。

最重要的一点是，当时的钱庄存钱是没有利息的，只有在借贷的时候才会有利息，而且存钱时还需要交纳一点保险金，只有这样钱庄才会保证你这笔钱的安全性。

著名的货币史学家彭信威在《中国货币史》中就曾经记述："中国的钱庄，由兑换只发展出贷款业务。存款业务在明朝没有进展，不论公家或私人，都将白银埋在地下，实行窖藏，不能供人利用。"

也就是说，我们在明朝的钱庄里即使存上一万两银票，到现在我们也不会收到任何利息，这也是明朝很多人宁愿把钱藏在地下，也不会把钱放到钱庄的原因。

第五章　工

大明公务员，
一年吃不起一顿肉

　　嘉靖中期，浙江巡抚胡宗宪在一次高级别会议间歇，饶有兴致地对下属说："你们知道吗？昨天听说海瑞买肉了，而且——"胡宗宪顿了一下，"买了两斤！"

　　听完巡抚大人的话，现场一片哗然，"真是太阳打西边出来

了，海瑞居然会买肉！"

海瑞堪称大明最清正廉洁的官员，发生这件事的时候他正在淳安县令的任上，堂堂一县之长，买两斤肉居然能成为笑谈，除了海瑞自身清廉，也可见大明王朝一个清官之清苦。

说是当官为民父母，但中国历朝历代所秉承的恰恰是"再穷不能穷'父母'"的理念，谁穷也轮不到官员穷，然而大明却是一个例外。

每当经历朝代更替时，新建政权的经济面临百废待兴，政府没有条件优待公务人员，明朝也是一样，因此朱元璋在最初制定官员俸禄时尽量压低，而且，穷苦人出身的朱元璋本身又对官场有着近乎歇斯底里的仇恨，这使得他对明朝官员的态度是——发工资就不错了，还敢嫌少！

明朝官员俸禄一般也是以粮食形式发放，也有折合成货币发放的形式。洪武四年（1371），朱元璋初定了官员俸禄制度，而

明　佚名　《入跸图》（局部）

且因为当时战后人口稀少，大量土地撂荒，所以朱元璋除了给官员俸禄之外，还额外增加了赐田等福利。但到了洪武二十五年（1392），人口增加使得荒地减少，朱元璋便开始取消官员们的赐田，其他福利也是能省则省，更要命的是官员的俸禄也被不断地下调。

当时的正一品大臣，也就是太师、太傅、太保等官阶较高的大臣，每月的俸禄只有可怜的87石，从二品的少师、少傅、少保、太子太师等人每月俸禄72石，越往下官职越小俸禄越少。官职中等的正七品如都给事中、监察御史编修、知县等官职，每月俸禄7.5石，最末流的官职每月俸禄只有3石。

明朝的一石约合现在的94.4公斤，中等的官职如海瑞担任的正七品知县，一年俸禄也就是90石，约合粮食8496公斤。根据《明史》中的记载："钞一锭，折米一石；金一两，十石；银一两，二石。"也就是说按照明朝当时的米价，一两银子大概可以购买两石粮食，也就是说官员一年的俸禄折成银子也就是45两。

考虑到当时一个普通家庭年支出不过20两左右，45两虽然少，但似乎也能过日子。然而我们要知道，朱元璋是不给明朝官员配秘书的，大事小事都得官员自己解决，遇到一个人解决不了的事情怎么办？自己花钱雇人。

以知县为例，按政府正常编制，知县的副手有县丞、教谕等十几个人，但这些人也是各管一摊，除了他们，知县手下就只有一些从乡民中征召的临时工。那么，知县想找人为自己出点主意或者做点私事怎么办？就只能自己聘用了，例如师爷这个职业就是行政官员自己雇佣的幕僚。

　　然而，这笔钱朱元璋是不出的，所以在大明王朝，如果真的想做一个只靠俸禄生存的清官，结果就必然像海瑞那样，买两斤肉都成新闻。等到朱元璋去世，继任者不再有朱元璋这样的严苛手段，官员们的觉悟便开始放松起来，大多数官员不再压制自己的贪欲，他们开始大肆贪污，甚至使得明朝成为历史上贪污腐败最严重的王朝。

　　当时朝廷的士大夫被史官评述为"以官爵为性命，以钻刺为风俗，以贿赂为交际，以嘱托以当然"。官场风气已经变成以贪污为荣，若是出现一个清官，反而会被无数的贪官污吏嘲笑甚至迫害。明朝有一位名为魏大中的官员，廉洁奉公，在当时的官场风气下出淤泥而不染。朝廷中有人给他送礼他拒不接受，最后反被人诬陷收受贿赂，锒铛入狱而后去世。

大明公务员

竟然全年无休

　　明朝中央官员在北京的办公场所多设在紫禁城南面，也就是今天天安门广场长安街一带，那里设置有多个办公庭院和办公室，俗称为"班房"，因此官员们工作也就俗称"上班"。

　　现在我们国家每年的休息日和法定节假日在115天上下，上班天数是250天。那么，明朝官员每年要上班多少天呢？答案是全年无休。

　　其实，中国历朝历代对官员们的休息时间都有相当的保障。在两汉时期，法律就明确规定官员们可以享受"休沐假"，也就是前面我们提到的洗澡假。古人当然不可能把这一整天都用来泡澡，一般他们会利用这一天的休息时间调整自己，探望家人、打点个人生活。《汉律》记载的法条"吏五日得一下沐，言休息以洗浴也"，正是在讲汉朝的休假，这是官员休假的开始。

　　再往后的朝代，尤其是到了宋朝，假期在名目上更加多样。尤其是北宋时期，元日（春节）、寒食、冬至、天庆节、上元节，各放假七天。一些次要节日，放假三天；再次要一点的节日，比如立春、立夏、端午之类的，放假一天。这只是节日假期，除了这些，当时的官员还有"旬休"，每十天放一天假，一

明　佚名　《出警图》（局部）

年基本有36天旬休，节假日加起来基本上有112天。

但到了朱元璋建立明朝，官员们可就享受不了那么多假期了，朱元璋在很多制度上都模仿了唐宋时期，但唯独休假不是。刚刚即位的朱元璋满腔热血地投入工作，一心想建立一个历史上数一数二的朝代，于是他把历朝历代所有的传统假期统统取消，只留下三天假期，这三天均匀分布在春节、冬至和他自己生日的时候。

明朝有书籍描绘当时官员上朝的景象是"每日侵晨于上画卯，至暮画酉"，意思是明朝公务员早晨五点出发，到了晚上五点后才能回来。每天早出晚归，而且没有假期，无休无止的工作自然使得朝野上下怨声载道，本来踌躇满志的官员都被这样的工作折磨得意志萎靡。

于是到了洪武后期，皇帝延长了官员的休假时间，将春节、冬至的一天假期延长到三天，并且规定文官可以每五天休息一次，这样的休假制度一直执行到朱棣登基。

等到永乐年间，社会风气已经较明朝刚建立时轻松了很多，朱棣也再次调整了休假时间，他下令除了春节假期外，每年正月十一开始文武百官均可以休假十天。

相较于洪武年间，这样的假期已经够多了，但是众多的公务员并不满足。万历后期，明神宗开始倦怠朝政，几乎很少上朝，这也给了广大想要投机耍滑的朝臣极好的机会。他们也开始倦怠官职，动不动就请假休息，一年到头没有几天是在自己的工作岗位，整个官绅阶级都在铺张浪费、醉生梦死。

除混乱的休假制度外，还有一个假期在明朝时期实行得比较严格，那就是"丁忧"。宋朝的休假制度极为完善，却唯独对官员丁忧没有那么严格的要求。到了明朝，无论哪个时期的皇帝都极为重视官员丁忧。所谓丁忧，就是官员家中父母离世，那么他必须回家守丧，直至孝期二十七月满。试想一下，一个官员刚刚获得升迁，正踌躇满志想大展拳脚，却突然接到通知要回家守孝二十七个月，二十七个月之后回来，那官位可能就未必还是他的了。但明朝以仁孝治天下，一个人在家不是孝子，在朝就一定不是忠臣，所以，大多数明朝官员对于丁忧的态度是不想执行却又不敢不执行。

不过，对于丁忧假期也有特例，那就是皇帝不准假，称作"夺情"。

万历早年，张居正的父亲去世后，按照礼制他就应该回家安葬父亲，并且丁忧二十七个月。但是张居正位居首辅，不可能放下朝堂之事回家闭门守孝如此之久，他自己不愿意，皇帝也不愿意，因此皇帝就强令他夺情，只准予他三个月丧假，回湖北老家处理完后事之后返回北京继续为国效力。

大明朝的
"金饭碗"

在明朝，如果想拥有一份好工作，我们到底应该干哪行呢？

要是在朱元璋那个年代，我们的首选还是当个农民，因为整个明朝前期，社会地位最高的除了皇族贵族就是普通农民了，农民的地位不仅高过商人，甚至要高过一些官员。

朱元璋执政的几十年里，最重要的经济政策几乎都是鼓励农业的。他在位时，为了鼓励人们回归农业曾经颁布条例：对于没有开垦过的荒地，谁去开垦，土地就归谁所有。这个政策极大地激励了百姓的耕种热情，加上其他减税、分田等利农制度，使得当时的经济迅速得到发展。

按照明朝文人何良俊的记载，明朝初年人民有十分之九都在家中务农，各地区的百姓都安居乐业、自给自足。不仅如此，朱元璋还鼓励民告官，尤其是对于官员贪污腐败、受贿渎职的害民行为，农民甚至拥有"私自逮捕"的权力，可以锁拿官员进京告御状。在这样的洪武时期，一些商人也逐渐放弃商业，竞相开垦荒地成为农民。

然而，朱元璋时代过去没有多久，经过永乐、洪熙、宣德三朝，明朝官员的地位与日俱增，与此同时，商业又重新开始繁盛起来。

洪武时期，在朱元璋的统治下，各家各户都有自己的土地，即使有赋税，百姓辛勤劳作也可以将赋税完成，这也是朱元璋的统治愿望。但到了明朝中后期，由于社会风气由俭入奢，官场权贵开始征用百姓的土地，各地权势人物利用自己的官场势力，大量兼并土地，将土地占为己有。

不仅如此，朝廷的赋税也不再像洪武时期那样轻徭薄役，反而将赋税制定得更加繁重。农民不仅无地可种，还需要缴纳大量的赋税，很多农民便不再依靠土地满足基本生活需求。与此同时，随着官员地位的日益提升，大明王朝的就业开始灵活起来。有知识的人读书考科举做官，有头脑的人做生意当商人，还有一些人则逐渐偏向工商经营、手工业制造，他们开始依靠商业活动的附带产业生存。

明朝中期，工商业经营业务十分丰富，各行各业都取得了长足发展。当时的人们从事包括农产品加工、丝绸制造、陶瓷业、冶炼业、烟草业和家具制造在内的一系列手工业、商业经营活动。并且随着这些行业的发展，各种集市、庙会也应运而生，百姓有生活需求随时前往集市采买，不再仅仅依靠早期自给自足的生活。

根据万历二十九年（1601）的统计数据，苏州从事纺织业的百姓，包括织布工、印染工，人数达到近一万人。苏州地区还生产各种棉布，并且采购的商人不仅仅在江南一带，连北京等地的采购商都来到苏州进行采买。

郑和下西洋时期，中国的瓷器被带到国外，受到当时海外的热烈追逐，因此制瓷业在大明中后期也得到了发展，其中最具有典型性的就是景德镇作为窑都的出现。根据当时明朝文人的描述，景德镇"天下窑器所聚"、百姓"其民繁富、甲于一省"，每个官窑的用工人数每日不少于数万。

当然，最为复杂的是手工业。当时的人们不仅可以制作丝绸、棉布、棉鞋、帽子、包头、手巾等衣着用品，还有各种工匠制造桌椅板凳、床铺柜台、妆奁盒、铜镜等家具用品。仅仅是丝织品，就有三十多种可供挑选。

朱元璋轻视商人，那么商人的地位在大明又怎样呢？商为民末，这点在明朝前期的社会十分适用，但是在明朝中后期却不是这样。万历年间，富甲一方的商人地位甚至一度挑战官员，明朝末年更出现众多官员弃官从商的现象，就是商人地位提升的最好说明。

明　佚名　《太平乐事》册页之十

　　而且，大明商人也并非个个唯利是从，一些有追求的商人一样醉心于文治礼仪，不少人会在家中请先生教授子女。《醒世恒言》中就有提到一位名为高赞的太湖商人，为自己的儿子请教师辅导功课，希望孩子能够参加科举考试。而万历年间著名的大臣顾宪成也是出自商贾之家，也就是说，在大明中后期，既有钱又有社会地位的商人已经成了最靠谱的职业，只是这个职业的门槛有点高，并不是谁想做就能做的。

考个"度牒证"，
和尚道士不是普通人

景泰八年（1457），明英宗复辟，犒赏对自己政变有功的臣子。此时，北京大兴隆寺有个叫本金的和尚，托人找到英宗说自己整天在寺里念经，祈求英宗复辟，现在英宗果然复辟了，那就应该犒赏自己，给自己一个大官当当。

没想到这种近乎滑稽的要求居然被英宗认可了，本金和尚果然摇身一变变成了本金大人，英宗的昏庸可见一斑。但这个故事也从侧面反映出，和尚的身份到底是不如一顶乌纱帽。

僧道文化的鼎盛时期是在魏晋年代，当时的佛寺众多，为了躲避赋税，众多平民百姓选择遁入佛寺、道观。为此魏晋时期开始管理僧道，政府出台了一系列条文以提高僧道进入门槛，这个门槛也就是沿袭至明朝的度牒。

度牒是僧道进行经文考试后才能获得的一种认证文书。朱元璋青年时期也曾当过和尚，因此他十分清楚僧道对于国家的利弊。创立明帝国后，他随即承接前朝对于僧道管理的制度，严

老莲藏画奇神者居

石上尘埃评梅花度影寒老僧拈佛
印住小堂眉山坐久谭尚倦衣轻不思单
两情日望身于古英越柜
西湖变园检在卯颗

明　陈洪绶（款）　《高士论经图》

格限制了度牒的发放。

　　朱元璋规定，只有秉性良好之人才可以当僧道，作奸犯科、有害国家的人不得出家。假如一个秉性良好的人想要出家，他还需要过问自己的父母，父母点头之后才能如愿。此外，度牒发放还限制年龄，洪武二十二年（1389），朱元璋规定，年满二十岁的男子不许出家。

　　当然，和尚道士针对的都是男性，那么明朝时期女性可以出家吗？在洪武初期，答案是可以的，朱元璋刚刚成为皇帝的时候，对于女性的出家意向是一概放行的。

但是到了洪武七年（1374），由于女子出家人数过多，想到以后可能会出现的男子婚姻问题，尤其是由婚姻衍生的人口问题，朱元璋于是重新颁布条例，规定四十岁以下的女子不能出家，而按照当时人们的平均寿命，相当于女性若想皈依佛道，那便只有老了才能如愿了。

但是，即使满足上面所有条件了，也不代表就一定能够拿到度牒。因为想要进入佛门圣地还要参加考试。度牒考试三年举办一次，只有精通佛教经文的人才能够被官府认可，给予度牒，像朱元璋当年那样想靠当和尚混碗饭吃是绝没有可能的。

那么，我们能不能自己剃度，偷偷跑进寺庙里或者直接就当个"野出家人"呢？当然是不行的，按照当时明朝的律法，没有通过考试私自剃度的，被官府抓住后不仅要还俗，还要被打八十大板。

在这种规则下，百姓之中当和尚的数量大大减少，人们只能通过自己的劳动获得收入，不再寄希望于遁入空门解决温饱问题。也正是在这种政策要求下，当时的僧道大多恪守本分，清高自律。

当然这种严苛的度牒发放制度并没有维持太久，到了正统年间，朝廷不仅没有维持早期皇室制定的度牒制度，崇佛的明英宗反而大兴佛寺，度牒的发放逐渐变得混乱。据说当时有官员在直隶查出没有度牒私自剃度的和尚就有数百人，但向上汇报之后，得到的答复居然是"之后再说"，便再也没有下文。

到了天灾频发的成化年间，朝廷为了救济灾民，提出赠送僧道度牒的政策，使得度牒逐渐成了一种买卖，此时朱元璋设立的度牒政策已经完全沦为空谈。如果谁要是想在这个时期当个和尚混口饭吃，那自然是十分容易，只要给钱就可以。

这种买卖度牒的现象使得此时僧道的品貌已经不被保障，因此各地城市中出现了一大批羡慕奢华世俗，仰慕城市生活的僧人。僧人们喝酒吃肉，娶妻生子，与世俗百姓无丝毫不同。并且僧人们不再局限于佛寺道观，开始假借游方化缘之名与当时的士大夫们相交，以至于还流行一种颇似行为艺术的"狂禅"。

狂禅表达的主题就是佛法已经不用再修炼，人生百态、吃穿住行都是佛道。狂禅甚至发展到了呵佛骂祖的境地。

遵从这种思想的僧道和士大夫不谋而合，僧道不想礼佛，渴望参与一切政治活动。士大夫渴望获得新鲜思想，希望从僧道身上获得一些启迪。于是在这个时期，僧道出入士大夫的府邸成了一种正常现象。据说当时牛首山上有一位高僧，不时就要到城里与朝廷大臣一同游历山水、赋诗作词。山中的道士也是在屋外种植各类花草，以供士大夫上门观赏。

明朝的"滴滴打人",
既要打人又要挨打

一段网络流行恶搞视频这样说:在生活中如果遇到不道德不文明的人,只要打开一款防贼防狼必备APP,就可以搜索附近的打手帮你伸张正义,实在是居家必备。

现代法治社会,当然不需要这样的打手。然而,在几百年前的大明朝,却真的存在过这样一个有偿寻仇行业,堪称明朝的"滴滴打人"。

这个行业在明朝被称为"打行",顾名思义就是打人的行业。打行组织里的成员叫作"打手",也叫"青手",就是专门负责打人的。打手一般是当时身强体壮、无所事事的社会闲散人员,其实说白了也就是市井流民,他们没有正当手艺,能换饭吃的便只有一身力气。

打手的主要工作就是打人,那他们打的是什么人呢?自然是客户"定制"的对象。有些人有报复别人的想法,又不想自己惹上麻烦,于是来打行花钱请打手打人,把钱付了,说明白要打谁，打手们就回去准备，伺机为客人报仇。

除了像打人这样的大事情，打手也接一些小业务。比如谁家的鸡丢了找不到，可以花钱到打行，找打手找鸡。又比如街头有恶犬挡道，也可以雇佣打行打手前来驱逐。按照当时明朝人的说法，他们是"大者借交报仇，小者呼鸡逐犬"。

打行还不只有打人这一个业务，还有替人挨打的业务。明朝后期，很多农民没有土地还要缴纳赋税，这些失地农民当然没办法完差，于是就要被官服抓去打板子。此时，如果农民手里头有点闲钱，就可以去打行找一个身形类似的人，去官府顶替他挨打。

雇主有雇人替自己挨打的钱，却没有交赋税的钱，让人不禁觉得打手也太廉价了。其实，真实情况是打行中的打手往往和当地差役相互勾结，打手替人挨打，不过是走走过场，挨打的时候，差役们的板子高高举起，轻轻落下，打手真正的力气其实是用在喊那两声"哎呦"上。

打行自万历年间出现，到了崇祯年间已经遍布全国各地。一开始，打行还能做到"一手交钱、一手打人"的公平交易，但到了后期，很多打手逐渐流氓化，打行由此成了"带有黑社会性质的犯罪组织"。

崇祯年间，打行专挑一些乡下进城卖东西的商人，在沿途等候。等到商人们一出现，就开始半骗半抢，将商人的货物归为己有。有的乡下商人不肯将东西交予打手，打手便会殴打商人。

那么，这个黑社会组织就没有官府管制吗？答案是确实没有。明朝末年吏治败坏，官府与土匪勾结都是家常便饭，更不用

明　朱端　《弘农渡虎图》

说本来就带有官府色彩的打行了。尤其是有些根基很深的打行，低级官府是连管都不敢管。

嘉靖年间有一位治水名臣叫翁大立，他奉命来到苏州任职，来的路上发现一堆打手正在殴打别人，他命车夫前去阻拦，但是没有用，因此心中很是气愤。于是他上任之后立即发官文给各县官员，要求他们即刻开始整治打手，不能再让城里出现打行。

结果，打行的人立即便听到了相关风声。他们在翁大人回家的路上埋伏，等翁大人一出现，打手们就鱼跃而出，驱散从人之后将翁大人打翻在地。等翁大人反应过来，那些打手已经一个人影都没了，于是他只能一边咬牙，一边跌跌撞撞地回了家。后来翁大人实在气不过，更想发动自己的管辖势力打击他们，但是手下的人千叮咛万嘱咐，声称打行势力太大，根本没办法根除，还是不要招惹为好，翁大人这才作罢，这顿打算是白挨了。

不过，打行打手虽然大都是市井恶少，但是也不乏报国义士。据说崇祯时期，朝廷与李自成打仗时，不少打手都参与到抗争的队伍，充当明军的军卒，只不过当大明需要这群乌合之众来保卫时，说明整个王朝已经行将就木了。

明朝的税，
老百姓交得起吗

公元1368年，朱元璋建立大明，建国之后，朱元璋南定岭南，北征北元，大兴土木建设南京，大明王朝的宏图徐徐展开。能够做这些大事，除了朱元璋雄才大略之外，最重要的还是有人民的赋税支持，所以作为一个颇有自知之明的皇帝，朱元璋是从心底里感谢并体贴那些为他贡献赋税的老百姓的。

历朝历代，赋税都是政府财政的主要来源，没有赋税，国家就没办法运转。那么作为大明子民，他们都需要交纳哪些赋税呢？

明朝初期主要鼓励农耕，这时国家的主要税收来源是农业税，法律规定："定赋役法，一以黄册为准，册有丁有田，丁有役，田有租。"意思是当时制定的法律名为赋役法，黄册规定的税法分为两种，一种是对百姓个人征收的丁役税，一种是对土地征收的田税。役税是古代官府无偿征调百姓进行各种劳务活动的一种税。田税指的是赋税，是对占用土地征税，也就是说农民需

要将土地产的一部分粮食上交给官府。因为田税在当时是统治者收入的主要来源，因此历朝历代也将其称为"正税"。

田税

当时的社会还处于初创阶段，因此明太祖制定的税法天平更加倾向于百姓。明朝的土地分为官田和民田，官田的税赋比民田的稍重一些。按照当时的算法，官田一般征税五升三合五勺，民田一般约比官田少征收二升田税。但由于南北地区农作物种植不同，因此交税的时间和税赋程度均有不同。按照当时的规定"夏税无过八月，秋粮无过明年二月"，也就是说南北地区，虽然交税的时间有所差异，但是都不能超过规定的时间，不然就要被罚款。

在福建地区，当时农民每亩土地需要缴纳的税收以土地质量划分。好的田地，在当时征收三升，中等的两升半，末等田地则是两升。但是如果家中种的是水田，则要以五升的标准征收田税。可以说在明朝早期，田税税赋较轻，加上当时的人们都将自己的全部精力放在农业生产上，所以百姓是可以完成田税缴纳的。但到了明朝后期，农民的土地都被统治阶级剥削兼并，农民手中连一块土地都没有，更不用说交田税了。

役税

农民除了田税之外还要服从丁役，明朝丁役的年龄范围在十六岁至六十岁。未成年人不能叫作丁，自然也就不用服丁役，年满六十岁的老人体力下降也不再服丁役。丁役在当时分为三种：均徭、杂役和里甲役。

均徭是指百姓需要前往官府执行的一些经常性的差役，杂役是官府临时派遣百姓的一些差役，里甲役是指推选丁多田多的百姓为里长管理一里之中的事务的差役。明朝时期的徭役是按照户计算，朱元璋规定明朝百姓110户为一里，其中粮食最多的10户担当里长，之后每年一个里长带领十户人家执行里甲役，主要是负责当地人口统计、调节居民关系等工作，相当于现在的"居委会"。

明朝前期，丁役一般都是按照朱元璋设置的法条执行，百姓徭役负担较轻。但到了后期，官绅大户开始逐渐压榨百姓，地主开始与官府勾结，扩大丁役范围和时间，使得百姓因不堪徭役赋税而流离失所，各处逃亡。

商税

当然除了赋役，明朝政府获得财政的第三大主要来源是商税。商税，也就是从事商业活动缴纳的税款。明朝初期从事商业的人还比较少，所以当时赋役税是主要财政来源。等到了明朝后期商业发达，越来越多的农民开始从事商业活动，官府财政收入不能从土地上得到保证，因此进行了众多商税改革，使得明朝的商业税变得繁杂起来。

宋元时期的商税征收较为复杂，到了明朝商税征收被皇帝简化。当时商税标准是三十税一，后来又逐渐加重。明朝时期的商税主要分为过税和住税。过税其实就相当于现在我们所说的关税，也就是对商人货物、车辆等征收的税款。住税，也叫市税，是对商户货物落地、商户的店铺、商铺摊位等征收的税款。

这些税赋在明朝初期的时候不及田税收入的十分之一，而且当时朱元璋规定官府征收商税时只允许征收一次，在一个税目征收后另一个税目不允许继续征收，因此当时商税对于大多数人而言是微不足道的税赋。

但到了明朝后期，为了增加商税收入，官府开始对商税进行重复征收。以关税为例，当时的商人若想将货物运达目的地，必须经过官府设置的交通关卡并缴纳关税，通过几个关卡就要征收几次关税，就像书中写的"百里之内，辖者三关"。况且不仅是征收关税，这些货物在运抵目的地之后还要征收市税，这对于商人而言无疑是巨大的负担。

晚明《金陵琐事》中记载，一个叫陆二的小贩，从苏州贩了一船灯草运往南京，灯草总共只值八两银子，可过了几个税关，商税就缴了四两，还没到南京，又遇上了税关，陆二无奈之下只好一把火烧了灯草。

税赋到了"赋敛之毒，有甚是蛇者乎"的程度，整个大明王朝也就到了末日的边缘了。

管交通、拆违建，
大明"城管"很给力

在当前"地摊经济"的热潮下，城市中最常见的除了商贩，其次便是城管了。古代虽然没有"城管"一词，却有与城管类似的岗位。

中国历史上最早关于"城管"的记载可以追溯到战国时期，那时的国家已经出现了负责城市治安及卫生的相关岗位，只不过当时并没有专业的机构进行城市管理。

到了商业发达的宋朝，出现了一个类似城管的部门——街道司。街道司的主要职能为"掌辖治道路人兵"，即维护当时城市的交通和卫生。除了维护交通卫生之外，街道司在当时还有管制物价的权力。要是市面上商贩哄抬物价，被人举报给街道司以后，街道司会禁止物价上涨，同时给这些商贩一定的处罚。

宋朝的"城管"如此成功，明太祖朱元璋自然不甘落后，在首都南京，他设立了五城兵马司进行城市管理。

五城兵马司的前身叫作兵马指挥司，除了叫法不同，这两者职能完全相同，都是负责都城的治安与卫生。随着南京经济的发展，洪武二十三年（1390），朱元璋将兵马指挥司分设在中、东、南、西、北五个城区，每个兵马司分别管辖自己所属城区，兵马指挥司也因此被称为五城兵马司。

《明史》中曾经记载五城兵马司主要工作职能："巡捕盗贼，疏理街道沟渠及囚犯、火禁之事。凡京城内外，各画境而分领之。境内有游民、奸民则逮治。"也就是说，五城兵马司在当时主要是巡查抓捕城市的作奸犯科之徒，清洁街道，管理火灾事宜。

与宋朝的街道司一样，五城兵马司也具备市场监督管理的职能。洪武元年（1368）朱元璋就曾经下发诏书，规定兵马司需要进行商户秤尺管理，也就是说当时的百姓必须遵照法律进行秤杆、量尺的制造，买卖物件不能缺斤少两，违反规定就要被惩罚。

除此之外，对于商贩侵占街道、随意摆摊、乱扔垃圾等违法行为，五城兵马司都有权进行管治。商贩要是不能按时整改，五城兵马司不仅能够进行罚款，还可以将人逮捕下狱。

建文年间，朱允炆又将五城兵马司改为兵马司。但靖难之役之后，朱棣当了皇帝，他本身就打着复辟老爹朱元璋制度的旗号造反的，因此登基之后立即宣布："前人创立制度，皆有深意，今行之既久无弊，辄改何为，此其所以败亡也！"大笔一挥，将应天府兵马司重新改制为五城兵马司。

虽说五城兵马司职能众多，但是其并不像现代一样，每个城市都有兵马司。在朱元璋时期，只有都城南京和朱元璋的老家凤阳设有这个"城管"组织。

朱棣登基之后，在北平也建立了兵马司。到了永乐七年（1409），有官员又提出：北平城区经济越来越发达，包容了大量的市民，城市中有作奸犯科之人，而北平兵马司一个部门不能兼顾整个北平城区的管理，因此应该像南京都城一样设置五城兵马司。

永乐十九年（1421），明成祖迁都北平，改顺天府为京师，立刻建立了京师五城兵马司，至此明朝的两个都城就都有了"城管"。

随着时间的推移，五城兵马司的职责进一步增加。宣德年间，朝廷规定城市的各类商税的征收归五城兵马司管理，不过为了防止五城兵马司的官员偷税漏税，皇帝规定税款的征收由监察御史、户部、锦衣卫和分管城区兵马司共同负责。每个城门口都需要以上部门的官员各一名，收取商税时互相监督，防止部门有贪污的现象产生。

正统年间，五城兵马司又开始负责灾民救济。成化年间五城兵马司还负责进行当时光禄寺的打扫工作，这在现代已经相当于城市环卫工人的职责了。

不过作为一个基层管理机构，五城兵马司在朝廷当中没有话语权，因此当更强势的部门崛起之后，五城兵马司就变得越来越式微了。在明朝后期，五城兵马司的权力大都被上层剥夺，当时的厂卫、巡城御史的权力都比兵马司的权力大，五城兵马司逐渐沦为业务部门，曾经不可一世的司官也变成了听差的伙计。

明朝其实没丐帮？

流浪汉都去"福利院"混吃喝

在金庸先生笔下，丐帮仿佛是一个非常神秘的存在——势力强大、存在感十足却仍然处于社会底层、经久不衰。然而别的朝代不敢说，至少在明朝，丐帮其实是不存在的。

现代人如果回到明朝，担心的事情有很多，但在大多数时候，唯独不需要担心的就是自己因为吃不到饭而被迫加入丐帮。因为就算你什么也不会，也一样可以去政府开设的收容所"蹭吃蹭喝"。当然这个"蹭吃蹭喝"也得选对时期，明朝的福利制度并不是什么时候都管用的。

明朝的收容所，最初叫作孤老院。朱元璋刚刚登基的时候没有建立养老制度，但这个曾经要过饭的皇帝也深知贫民的不易，不断下诏书告诫官员对鳏寡孤独废疾者要多加体恤、关怀，不要让这些人自生自灭。

洪武五年（1372），大明王朝的根基日渐稳定，政府财政开始步入正轨，于是朱元璋立即命令全国各个州县建立孤老院，并亲自将孤老院的名字改为养济院。出于担心官员们不照办收养这些流民的考虑，朱元璋甚至还将养济政策写进了法律。

《大明律》规定：但凡鳏寡孤独以及患病之人等不能自己生活的，官府应当收养，拒不收养的，杖责六十。如果收养了但是却克扣这些百姓的日常用品的官员，都按照律法处置。因此在当时的明朝，官员都不敢怠慢流民。

明　张居正　《帝鉴图说·轸念流民》

据沈榜《宛署杂记》记载，明朝养济院的规模巨大，当时宛平县城内的一个养济院就收纳了2000余名流浪年迈人员，其他州县自然也不会太少。

其实，朱元璋这个体恤贫民的政策也是有历史依据的。早在商朝时期，政府的养济思想就已经有所体现。盘庚提出的"罔不惟民之承保"，即应该将百姓的需求放在第一位，尊重百姓的意愿。到了唐朝，政府设立养病坊来保障弱势群体生存，养病坊的管理者是各地有声望的人，而资金来源则由朝廷承担。

而养济院作为官方的救助组织，最初可以追溯到南宋时期。当时，南宋朝廷批准了养济机构的设立，并且要求官府登记名册，将救济灾民的明细一一填列在册。但当时的养济院主要是为了收养灾民，相当于一种临时性的救济组织，规模并不大。

到了明朝，养济院已经不仅仅存在于部分地方，而是各个州县都建设养济院。不仅收养流民，老人、孩童等生活不能自理的人也都在政府养济的范围内。养济院内的百姓，只要被收养就会收到朝廷给予的每月三斗米、柴火三十斤、冬天夏天布匹各一匹的福利待遇。

当时还有记载，如果地方仓库不能及时满足养济院百姓的需要，还要由地方官捐出自己每月的俸禄来补给。明朝官员俸禄是出了名的低，就这样还可能被朝廷以扶贫就弱的名义征用，官员们的苦楚就只有自己体会了。

不仅如此，如果前来养济院的是遭遇旱涝灾害的百姓，官府还会给予免费的稻种和耕牛，并且还会赐予这些尚且有生存能力的人们耕地。

除了养济院，明朝当时还在南京和北京两个都城建立了"舍饭寺"，向各种贫苦但是生活尚能自理的人们提供饭食。

明朝时期，这种广泛的救济福利使得明朝百姓能够在走投无路之时有所仰仗，但当时的收养制度并不是完全没有限制的收养，而是要以户籍为限。而明朝的户籍制度又是非常严格的，尤其是明朝早期，这种严格的户籍制度也体现在养济院中：养济院的收养也只能收养本地户籍，对于外籍人员，只能赠予他们返乡的口粮。

在养济院刚刚设置的时候，并没有对收养人数加以限制，而到了万历年间，流民数量增多，朝廷钱财亏空，官府不再有足够的资金能够支撑养济院的无限扩招，因此，各地的养济院开始在不同程度上有了人数的限定。

而到了明朝末期，朝廷连军队都养不起，地方就更难以支持养济院的存在，这时的养济院已经名存实亡，流浪汉便再也不能过着随意混吃混喝的日子了。

明朝不只有医保，
政府还帮着买墓地

　　明朝既然连流浪汉都收留，说明整个国家的福利体系已经初具规模了，那么明朝还有哪些值得一提的福利呢？

　　明朝最著名的两个福利机构是惠民药局和漏泽园，惠民药局是国家开立的供百姓免费吃药和免费看病的场所，也可以说是明朝的"国家医保"。而漏泽园则是明朝为了埋葬家贫无法购买墓地的百姓而设置的官方陵园。

惠民药局

　　惠民药局早在宋朝就已经出现，不过在当时惠民药局被称为"熟药局"。熟药局的建立是为了防止当时奸商操纵药物价格，防止百姓因为药价过高看不起病的情形出现。熟药局最早出现在南宋都城临安，后来遍布全国各地，绍兴二十一年（1151）时，所有的熟药局都改名称为"太平惠民局"。

　　随后的元朝也按照宋朝的体制建立了惠民药局。明朝成立之后，朱元璋为了保护平民百姓的利益，承袭前朝机构设置，也建立了惠民药局。

明朝的惠民药局隶属于太医院管辖。洪武三年（1370），朱元璋宣布在中央以及各个地方府州县开设惠民药局。最初的惠民药局，主要是用来诊治贫苦的军人和百姓。《明史》当中就有记载："洪武三年置惠民药局，府设提领，州县设官医。凡军民之贫病者，给之医药。"

按照朱元璋的思路，惠民药局设立之后，百姓不会再为看病犯难。但是在当时惠民药局的药材等都需要各地药物税课上缴，因此并未产生较好的效果。

等到永乐年间，明成祖朱棣再次申明"命礼部申明惠民药局者今必有实惠，勿徒有文具而已"。也就是说当时的惠民药局并未发挥实际作用。随后朱棣又下令让监察御史监督修缮惠民药局，使得惠民药局早日恢复早期的作用。

到了明朝中期，惠民药局不仅要进行病人的诊治、药物分发，还承担了遇到突发自然灾害时百姓的救治工作。嘉靖年间，京城爆发鼠疫，鼠疫从山西传到北京，当时有大量的患者需要医治，惠民药局则承担了这项工作。

惠民药局解救瘟疫患者的相关记载在多个古籍当中均有体现。《荒政要览》中记载："时都城疫疠盛行，死者枕藉。礼部左侍郎孙承恩请命太医院及顺天府惠民药局，依按方术预备药饵施给，以济阽危，上从之。"意思是，当时北京瘟疫爆发，死者遍地，朝廷官员申请皇帝开设惠民药局进行施药，防止疫病蔓延，皇帝听从了这个意见。

惠民药局在设立之初是为了免费诊治贫苦的百姓，但是到了明朝中后期，由于社会的风气变化以及国家的财政亏空，惠民药局逐渐不能继续开立。从相关的文献中我们也可以看出，惠民药局也只有在国家发生重大灾害时才会由皇帝批准开立。

漏泽园

漏泽园与惠民药局一样也是在宋朝时期设置，但是其实早在汉朝，皇帝就颁布过相关诏书，以官府设置的土地作为家境贫寒之人埋葬亲属的墓地。到了宋朝，皇帝则是设置了专门的漏泽园作为埋葬之地。《宋会要》中记载："常诏府界以官地收葬枯骨，今欲推广先志，择高旷不毛之地，置漏泽园。"也就是说，宋朝时期的漏泽园已经成型。

元末，战争频发，百姓流离失所，伏尸荒野。朱元璋登基之后，为了体恤百姓，安置死者，便仿照宋制在各地都建立

明 仇英 《清明上河图》（局部）

了漏泽园。明朝的漏泽园大都建在荒山之中，各县之中也会设置一处，但是规模不一。到了明朝中期，朝廷渐渐扩大了漏泽园的规模。

漏泽园的修建主要有三个途径：

第一，皇帝下旨修建，这也是当时漏泽园的主要扩建方式。除了正常规划的修建外，明朝初期时和尚道士众多，朱元璋认为这些和尚不仅好逸恶劳，还会损害农民的权益，故严格规划了和

尚道士的入门条款，导致当时众多寺庙闲置。因此规定当时多出的寺庙需要进行拆除，拆除之后的土地则改建为漏泽园。

但是到了后来，朱元璋下旨建设的漏泽园已经不太能够满足后世需求。成化年间瘟疫横行，导致明朝出现大量的无名尸体，为了能够安葬百姓尸首，明宪宗下旨要求在北京城门外建立漏泽园。

第二个途径是地方政府自己设立漏泽园。明朝中后期有大量自然灾害，发生灾害的地方政府为了安置流亡的死者尸首，自己出资修缮扩建多处漏泽园。

第三个途径，百姓或者当地官员自发捐助建设。嘉靖年间三年大荒，流民数量激增，众多百姓饿死在街头，地方府县当中的一些有资本的官员和百姓不忍看到尸体遍地，便捐助财钱物资修建漏泽园，等到漏泽园修建完毕，再由当地的官府接管。

明朝尽管广修漏泽园，安放了无数贫民的身躯，但是在明朝后期，漏泽园也变得与惠民药局一样慢慢荒废。其中原因主要是当时的灾荒频繁，古时漏泽园的修建又十分缓慢，再加上官府工作倦怠，漏泽园远远不能够容纳当时百姓的尸首。

到了明朝后期的时候，朝野上下都热衷党争，这些救济机构也逐渐被官府遗忘，因此也慢慢淡出人们的视线。

遇到灾难，
你能获赔的可能只有几碗粥

　　明代是我国灾害频发的一个朝代。根据史料记载，明朝在276年间，发生的灾害有1000多次，其中水灾90多次、旱灾100多次，地震100多次，疫灾60多次、饥荒90多次，等等。

　　这些数字意味着，明朝每年可能都会来那么一两次灾难。那么百姓遭遇灾难时到底该去找谁，从而保证自己可以渡过难关呢？

　　据载，明朝时期已经有了较为完备和系统的救灾程序。这一程序对于受灾百姓来说，无疑是灾难中的救命稻草。

　　由谁报灾、如何报灾，在明朝初期并没有明确的规定。从一些史料记载来看，大多都是由普通百姓上报给地方官，然后地方官逐级向朝廷奏报。

　　宣德年间巡抚制度形成之后，巡抚成为地方上的最高长官，并开始承担报灾的责任。《明英宗实录》载："水旱灾伤之处，并听府州县及巡抚官从实奏闻。"说的就是，灾难发生之后，府州县官需要先向巡抚申报，巡抚核实灾情后再上报给朝廷。

上报之后，百姓是不是就能得到援助了？并不是。因为上呈灾情之后，朝廷还需要核实具体的灾情。这一步骤也是朝廷为了防止地方官员谎报灾情，利用灾情贪污赈灾款和赈灾粮。

在勘察人员方面，明朝不同时期有不同的规定。明朝初期主要是由地方官员勘察，然后再由户部官员复核。后期，朝廷又加强了勘察制度，命令巡抚御史和地方按察司也参与到勘察工作中。

如《大明会典》卷十七《灾伤》中曾载："令各处灾伤，有按察司处，按察司委官。直隶处，巡按御史委官，会同踏勘。"

勘灾时，具体要勘察什么呢？一是要核实灾伤情况，防止地方官员弄虚作假、欺骗隐蔽；二是要核实受灾程度，从而确定应该提供何等救济。

《玉城奏疏》载："总计彼灾地亩可以定分数"，其意为，要根据灾区的田地总数和受灾田亩数确定受灾程度。明朝初期的受灾程度大致可以分为成灾四、五、六、七、八、九、十等七个级别。明朝后期，受灾程度划分得更为详细。

完成这个步骤，灾区百姓是不是就可以得到赈灾款或赈灾粮了？不是的，勘查完灾情，明朝人还要进行审户。审户就是核实灾民户口，划分灾民等级。朝廷不能根据地方官申报的灾民名单直接散发粮食，以免地方官员伪造灾民户口。

比如某次水灾总共只有几十户灾民罹难，地方官为了从中捞点"油水"，谎报有百余户灾民，朝廷若直接发放赈灾款，就会导致大部分的款项都进入地方官的囊中。由此可见，审户工作的好坏直接影响了赈灾是否公平有效。

明朝人在救灾的过程中，通过不断分析和总结，摸索出了不少切实可行的审户办法。

其中，比较有代表性的如王士性在《赈粥十事》中记载的："州县官先画分界，小县分为十四五方，大县二三十方。大约每方二十里，每方内一义官、一殷实户领之。如此方内若干村，某村若干保，某保灾民若干名。先令保正、副造册，义官、殷实户核完送县……"

完成审户工作后，朝廷就开始实施救济措施了。明朝时期的救济措施并不像我们在电视剧中看到的搭设粥棚，向百姓施粥那样。事实上，明朝的赈灾措施相对比较成熟，其具体方法主要包括以下几个方面。

蠲免。蠲免是历代政府救灾时经常使用的措施之一。到了明朝之后，蠲免制度更加成熟。

《灾伤应免粮草事例》中记载："全灾者，免七分；九分者，免六分；八分者，免五分；七分者，免四分；六分者，免三分；五分者，免二分；四分者，免一分……"就是朝廷根据灾民的受灾情况，免除灾民部分税粮的例子。

改折、缓征、停征。改折、缓征、停征是明朝政府为了减轻灾区赋役而采取的重要应对措施。改折就是让百姓用银钱或其他物品代替需要上缴的税粮；缓征就是暂时停止正在征收或者即将征收的税粮；停征就是停止正在征收或即将征收的税粮。

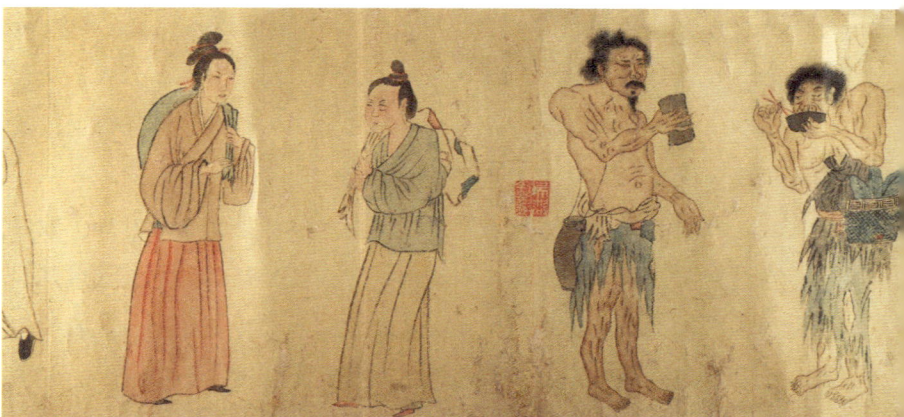

明　佚名　《流民图》

165

赈济。无论是蠲免，还是改折、缓征、停征，都只能暂时减轻灾民的赋役负担，不能完全解决灾民缺衣少粮的问题，而赈济是解决这一问题的有效措施。

灾难尤其是重大灾难发生后，各级政府都会及时采取有效的赈济措施救济灾民，使灾民可以迅速得到生存所需的衣物和粮食。

在明朝，政府赈济的方式有赈粮、赈钱、工赈、赈贷、施粥等多种。

赈粮、赈钱就是政府向灾区百姓发放粮食和钱财。

工赈就是由政府出资，在受灾地区雇佣灾民兴办农田水利设施或公用设施，从而解决灾民生计。

比如《筹济编》中曾记载，万历年间，御史钟化民在河南救灾时曾采取这样的措施："令各府州县查勘该动工役，如修学、修城、浚河、筑堤之类，计工招募，以兴工作，每人日给米三升。借急需之工，养枵腹之众，公私两便。"

赈贷就是指政府在灾后向灾民贷放生产资料，帮助灾民生产自救。比如向灾民贷放种子和牛、农具，让灾民可以恢复生产，等到丰收之际，再将这些归还政府。

施粥就是在灾区开设粥棚，以供灾民食用。这种方式虽然简单有效，却不能从根本上解决问题。通常，国家只有在面临严重的灾荒拿不出其他的物质救济百姓时，才能采取施粥这种应急性措施。

明朝前中期使用的都是蠲免、赈贷、改折等措施，很少采用施粥这种措施。到了嘉靖朝之后，预备粮仓已经名存实亡，因而施粥成了政府无奈之下的救济方式。

可见，如果我们不幸生活在明朝后期，发生灾难后，我们很有可能只能靠几碗稀粥度过危难了。

第六章 学

60 岁的
大明"小学生"

　　上学是去私立学校还是公立学校？这是现在很多家长给孩子选择学校时的难题。其实，不仅现在的学校有私立和公立之分，明朝的学校也是。

　　明朝管志道曾对明朝的学校情况有过一番记述："古者天子之国学曰辟雍，即今之国子监；诸侯之国学曰泮宫，即今之府州县学。辟雍泮宫之外，乡有校、党有庠、术有序，即今之社学。乡校、党庠、术序之外，又有五家之塾，则今富贵家延师之馆、各乡村训蒙之馆，皆是也。"

　　其中，"国子监"与"府州县学"属于官学，这些学校都是由中央和地方官方创立的；"社学""富贵家延师之馆"与"各乡村训蒙之馆"属于私学，是由民间社会人员创立的。

　　由于明太祖朱元璋立国之后，非常重视学校教育，所以自洪武二年（1369）开始，明朝各地就开始大建学校。那么，这么多学校，我们到底是该选择官学还是私学呢？

明朝官学

明朝时期的官方学校主要分为三级，即国家层面的国子监，宗学、武学等其他中央官学，还有府学、州学等地方官学。

国子监是明朝最高学府和教育管理机构。明代国子监的学生来源广泛，既有来自本国的监生，还有来自日本、琉球等国的留学生，这些留学生被称为"夷生"。

明代国子监的监生待遇特别优厚。进入国子监之后，每个监生都有廪膳，即膳食补贴，每个季节还会收到衣服、被褥、冠履，而且监生回家探亲时，国子监还会给监生一些衣物和钱财当作探亲津贴。

不过，在享受这些优厚待遇的同时，监生也需要接受严格的管理。明朝的国子监监规经过多次增订后，共有56款。如果监生违反这些监规，轻则施以痛决、充军、吏役等处罚，重则施以饿死、自缢、枭首示众等极为残酷的惩罚。这样看来，监生也不是那么好当的。

其他中央官学包括宗学、武学等学校。宗学是指明代皇室贵胄子弟的学校，只有宗室未弱冠的世子、长子和将军中尉等官子弟才能在宗学学习；武学是为了教导武官子弟设立的学校。

地方官学是在全国各府、州、县等各地设立的学校，具体包括府学、州学、县学和卫学、都司儒学等。这些学校也并非人人可进，很多学校在数量上都有明文规定，比如府学四十人，州学三十人，县学二十人等。

在地方官学上学的学生也享有国家津贴，并且可以免除各项税费和劳役。当然，其官学的制度也是非常严格的。另外，在明代初年，官学学生不但要到学校上课，而且还要住在学校提供的宿舍当中。

明代文学家宋濂在《送东阳马生序》中就描写过自己寒冬腊月的就学经历："负箧曳屣，行深山巨谷中，穷冬烈风，大雪深数尺，足肤皲裂而不知。至舍，四支僵劲不能动，媵人持汤沃灌，以衾拥覆，久而乃和。寓逆旅，主人日再食，无鲜肥滋味之享。"

明朝私学

明朝时期的私学包括社学、义学和家塾。

社学是设在城镇和乡村地区的社会基层学校，关于它的社会属性问题，学界有很多争论。明代的社学虽然带有一定的官学色彩，但从根本上来说还是属于私学范畴的。社学招收的学生大致为八到十五岁的少年儿童，它带有某种强制性。

《明史·杨继宗传》载："明宪宗成化初年，杨继宗任嘉兴知府，大兴社学，曾规定'民间子弟八岁不就学者，罚其父兄'。"由此可见，社学是强制性的，它有点类似我们现在的九年义务教育。

义学是不受政府干预，由民间社会自发兴建和自主管理的，带有一定公助性质的启蒙学校。明代的义学大致有两种类型，一种是主要为教育家族或宗族子弟而设的，一种是为教育乡里子弟而设的。

家塾是指完全由私人创建的，它是为了满足个人家庭教育需求而设立的民间私塾。家塾有两种类型，一种是私人在家中设立的塾馆，另外一种是由儒生设帐家中，招收学生的私塾。

明　李在　《圯上授书图》（局部）

　　通常，明代的缙绅富实之家，大多都在家中自设塾馆，然后延请名师教诲自家子弟。一些普通或者贫寒之家，因为没有足够的钱去好点的学校，所以经常几家一起建设家塾，然后延请馆师。

　　私学的教育内容也是以科举考试的内容为主，它与官学的区别是私人属性比较强。私学不具有太多官方权威性，其教师主要是一些辞官或者不仕的士人，这些人在讲课中经常会贯入自己的思想，甚至有些思想与主流儒学格格不入，但一些大家族的私塾也是很有水准的。

　　总而言之，明朝的私学和官学各有利弊，百姓在选择时也容易受到经济条件、地域的影响。但无论是哪种学校，最重要的还是学生的学习态度。

想当公务员？
有多种途径可以选

　　《儒林外史》里面有个大吝啬鬼严监生，死前因为看到两根灯芯在烧油都不咽气，想来如果家人当着他的面大搞铺张浪费的流水宴，严监生说不定真的能够"益寿延年"！

　　在小说里，严监生是以一个似官似富的角色出现的，那么他到底是什么身份呢？这就需要我们了解监生这个特殊的"职业"了。

　　监生简单来说就是一种特殊学校的学生，这所特殊的学校就是国子监，国子监是明朝的最高等级教育机构，可以说是帝国的后备干部培训基地。

　　国子监起初并不叫作国子监，而是叫作"国子学"。根据《大明会典》的记载，国子学最早应该是在洪武八年（1375）建成，到了洪武十五年（1382）国子学才改称国子监。

　　在明朝中前期，学生在国子监会经历学习和实习两个阶段，学习阶段各位老师会教授学生四书五经等文化知识，等到了实习阶段，学生则会被分配到各个官府部门进行实习，一旦考核合格，就可以被任命官职，这对于众多从底层科举开始的学子而言是极为重要的为官机会。

那么怎么才能进入国子监读书呢？

在《明史·选举志一》中有这样一段话向我们表明了入国子监的几种方法："入国学者，通谓之监生。举人曰举监，生员曰贡监，品官子弟曰荫监，捐赀曰例监。同一贡监也，有岁贡，有选贡，有恩贡，有纳贡。同一荫监也，有官生，有恩生。"

第一个途径是"举监"，是指学生通过科举考试中举之后被送往国子监读书学习。这个方式是最为被人敬重的方式，表明入学者是真正的才华横溢之人。按照当时的规定，举人到国子监读书，朝廷会发放俸禄以及一些福利。

第二个途径则是依靠各府、州、县每年的举荐，这种学生被称为"贡监"。洪武十六年（1383），朱元璋下令规定每个府州县都要按年向国子监举荐一部分学生前来就读。当然这部分考生也不是通过举荐就可以进入国子监，他们还要通过翰林院亲自出题的考试才能够成功入学。通常情况下，翰林院会出经义四书各一道，只有合格者才能入学。

贡监在明朝有多种形式，下级学府每年举荐的学生被称为岁贡；如果遇到皇室的庆典，下级学府则可以进行加贡，也就是可以在岁贡的基础上再举荐一名学生，也称为"恩贡"。这一点在《明史·选举志一》中也有体现，书中写道："恩贡者，国家有庆典或登极诏书，以当贡者充之。"

进入国子监的第三个途径是"拼爹"。明朝的官员可以选择一名子弟前往国子监学习，不需要进行相关考试，这种学生在当时叫作"荫监"。

第四个途径入学的学生被称为"例监"，是指向朝廷捐献粮食等物品而被选为国子监学生。明朝中期经过土木堡之变和北京保卫战，国库逐年空虚，于是代宗灵机一动，开始从教育行业乱收费，搞有偿入学，民间读书人只要捐赠粮食马匹就可以入学，对于当时想要进入国子监读书的学生们可以说是一大喜讯。

开始的时候朝廷没有规定缴纳粮食的重量，等到了景泰四年，朝廷颁布条例，规定当时的百姓只要能够在临清、东昌、徐州等地捐赠八百石米，就可以进入国子监读书。到了次月，朝廷又重新调整了法令，将八百石大米的标准又进行下调，这时的百姓只要捐助五百石大米就可以进入国子监读书。如果没有粮食捐助，也可以换算成其他物资，比如马匹、银子、珠宝等。

除了这四种方式，史书上还提道："日本、琉球、暹罗诸国亦皆有官生入监读书。"也就说明除了大明王朝本土的学生，在当时的国子监中还有大量的外国学生在此就读，这些学生被称为"夷生"。

另外，朱元璋时期还有一项政策也与入学国子监有关。洪武八年（1375），国子学刚刚成立，第二年朱元璋就下令凤阳所有武官的子弟都前往中都国子学读书，这其实算得上是对当时一同与朱元璋共建天下的一群武官的报答。

总的来说，对于当时的明朝百姓，想要到国子监读书，家中有当官的好说，有钱的也好说。如果又没钱又没权，那么只能凭借自己的才华取胜。不管是被当时的州县府衙举荐，还是想自己

考上举人进入国子监，都需要才华傍身才行。只不过，随着大明王朝科举制度日益完善，官场对于科举出身日益看重，国子监学子直接晋身官场的机会便越来越小。

不过，作为国家培养的读书人，这些人依然有着平民无可比拟的社会地位，所谓近水楼台先得月，他们也最容易接触到官场，所以，我们才在小说中看到严监生那种似官似富的角色。

玩收藏，
清贵雅人的游戏

明朝的文人地位很高，若是十年寒窗苦读中了秀才，便有俸禄可拿，娶妻生子衣食无忧不成问题，即便没有高中功名，也享有和官僚同等的上疏权。由此看来，在明朝多读书最起码能维持一个基本的生活。这就促进了文化产业的进步，各种字画墨宝层出不穷，明朝艺术品市场极为繁盛，一时兴起收藏热。

明朝诞生了许多收藏名家，像冯梦祯、佘世亨、董其昌、杜琼、项元汴等，这些收藏名家大多是学者或书画家，他们不但对诗书有精深的研究，善于书画等艺术品的创作，更热衷于收藏诗书名画、稀世珍宝。

明朝收藏家中最知名的当属项元汴了，他是著名的收藏家和书画鉴赏家。项元汴家境优渥，不惜重金在各地广收藏品，有记载说"项氏所藏如顾恺之《女史箴图》等，不知其数，观者累月不能尽也。其他墨迹及古彝器尤多。其家累世富厚，不惜重赀以购，故江南故家宝藏皆入其手。"由此可见，他收藏的书法、字

明　仇英　《竹院品古图》

画和艺术品，无论数量还是质量，在当时所处的社会都无人能够超越。项元汴擅长书法和绘画，并精通鉴赏之术，对藏品的鉴别细致入微，能够准确地辨别真品和赝品。

项元汴曾经获得了一把古琴，几经鉴赏爱不释手，那把古琴上刻着"天籁"两个字，于是项元汴就把储藏古琴的场所以"天籁阁"来命名。从那以后，他收藏的历代书法字画上，常常能看到"天籁阁"的印章。遗憾的是，在明末清兵攻打城池时，他收藏的艺术品被劫掠一空，现有保留的一些藏品收藏于我国的故宫博物院和其他博物馆。

我们知道收藏名家一般家境富足，要是温饱的问题还没解决，哪有闲钱去买收藏品呢？不过，在明朝，收藏这件事并不是收藏名家的专属。明朝艺术品盛极一时，普通老百姓也加入收藏的行列，整个社会的收藏热风靡一时。民间藏品的艺术价值可能无法与名家收藏相提并论，但是收藏本身是一种爱好，无关钱财，好好享受个中乐趣即可。

明朝艺术品胜地在江南一带，如杭州、苏州、嘉兴等地，项元汴便是嘉兴人。江南一带注重文化、崇尚科举，经济发达且具有地理位置优势，出现了很多有特色的艺术品市场，是收藏爱好者闲来无事常去的游玩之地。

除了收藏，明朝社会还有一个特殊的团体，就是文社。从明朝永乐年间开始，经济逐渐稳定，到了中后期，社会逐渐走向繁荣。安定祥和的社会环境，催生了文社、诗社这样的社会团体。

文社是文人以研习时文、求取功名而结社，参与的成员一般都是参与科举考试的读书人，很多文社的主盟者都是科举高中之人。当然，也有布衣结社的文社，只是数量没有科举结社的多，地位和社会影响力也相差甚远。

明朝文社的聚会活动颇为丰富，有的游山玩水、饮酒赋诗，有的登高望远、切磋技艺，有的品茗作画、抚琴弄歌。史书上记载"月必一会，坐以齿，饮以礼，酒无定等，食无常品，过丰者罚，会而不至者罚"，由此可见，文社的聚会虽然是酬唱郊野、崇尚自由，但是也不是毫无规矩。

文社的成员们志趣相投，在聚会的时候结伴游玩，目的不仅是追求享乐、陶冶情操，他们还会提出一些文学主张，互相沟通交流促进价值观的融合，拒绝玩物丧志并传播道德经纶等思想，有时文社也会积极参加社会的政治活动。

文社的形成是社会进步的象征。文社聚集了明朝社会不同阶级的文学爱好者，体现了文人日常交际中的平等和包容，不仅给清贵雅人一个脱离世俗的恬静之处，也为他们提供了展示才华实现抱负的机会。文社的出现，以明朝科举制度为起因。明朝的科举制度促进了文社的形成与发展，反过来，文社又形成了良好的文化风气，让更多的人以读书为乐趣，推动科举制度的发展。

明朝也有
"高考移民"

　　大明嘉靖二十年（1541），一个叫陈棐的官员上书皇帝，痛陈"京闱之弊"，直言在科举考试中存在着大量的舞弊行为，舞弊的主要方式用我们现在的话说就是"高考移民"。

　　古人常说"十年窗下无人问，一举成名天下知"，科举考试是很多人实现阶级飞跃的唯一门槛，为了迈过这个门槛，明朝读书人无所不用其极，而"高考移民"因其见效快、风险小、收益大，便成了大明读书人的选择。

　　"高考移民"在明代有一个独特的叫法——"冒籍"，也就是冒充其他地区的户籍，在非户籍地参加科考。早在唐朝时期冒籍的现象就已经出现，根据唐朝《通典》的记载，当时的举人已经出现"虽迹亏名教，罪加刑典，或冒籍窃资"的情况，而大诗人白居易竟然也是其中的一分子。

　　明朝初期，由于严苛的户籍限制，科考少有冒籍现象。但是到了明朝后期，冒籍应考变得十分普遍。明英宗时就有文献记载："凡遇开科，多有诈冒乡贯报作生员"，也就是说当时乡试中是有冒籍考生假借他乡户籍进行科举报名。

至于明朝其他时期，我们也可以根据当时的法条记录略窥一二。嘉靖初年一次乡试，有十三余名考生冒籍被顺天府被发现；嘉靖四十三年（1564），又有章礼等五名乡试人员冒充顺天户籍；万历年间曾经有八名浙江考生冒充顺天户籍参加科考的事件。这些也仅仅是被官府发现登记在册的人数，按照当时明朝的社会状况，冒籍现象应该相较于史书记载数量多出不少。

至于明朝为何出现如此多的冒籍现象，我们还需要从明朝的科举考试制度说起。

和我们现在高考不一样，明朝初期的考生是按照户籍报考，录取并不区分地域，于是当时出现了历史上著名的"南北榜"事件。

洪武三十年（1397）的第九次科举会试结束，放榜之日大家

明　沈周　《虎丘饯别图》（局部）

发现，榜单录取的五十二名学生中，无一名北方考生，竟然全部是南方人。这份名单引起当时北方学子的诸多不满，他们认为主考官一定做了手脚。这事传到朝廷上，朱元璋为了笼络北方百姓的民心，不听主考官辩解便直接判定是主考官与学子科考舞弊，将主考官流放，其余考官均判死刑。大臣们惧怕皇帝迁怒自己，全部噤若寒蝉。

这个事件之后，朱元璋又在六月重新举办科考，果不其然，放榜后榜单中无一名南方学子，这两个榜单被后人称为"南北榜"。

此后，明朝的科举考试进行了一次改革，也就是科举的分区录取，这也是当时冒籍现象出现的主要原因。

当时的科举考试录取被分为三个榜单："南榜""北榜"和"中榜"。朝廷分别在不同的地区对当地的考生进行排名，然后选出贡生，统一参加殿试。由于各个地区的教育水平不同，因此

各地贡监生名额的数量也不相同。而在当时，京师顺天府与南京应天府的科举成功率排名居高不下，众多学子为了能够更快中第，不惜冒着被刑罚的风险进行冒籍，将自己的户籍转到顺天府与应天府等中第概率高的地区。

并且当时的冒籍者大都是各个朝廷官员的亲戚子嗣，官员互相勾结，他们冒籍科考有很大概率不会被发现。当时的明朝除了考生冒籍到顺天府与应天府，还有大量考生冒籍到其他府县。明朝法律规定，如果有地区学校认为自己本地的生源质量不高，学校可以选择从其他县中补充学生。由于这条法律的出台，使得冒籍入学的学子数量更多。

这些冒籍的考生，一旦被发现大都会被遣回原籍，等到再有乡试，仍然可以在当地进行科考。这种仁慈的法律制度，其实也在一定程度上鼓励了学子进行冒籍，冒籍没有被发现自然是各家欢喜，万一被发现，最多也不过是重新回到本籍考试。

万历年间，明朝首辅张居正让自己的儿子参加乡试时还指挥他们一个去南方考试，一个去北方考试。另一位首辅申时行也曾经让儿子冒籍参加乡试，遭到其他官员弹劾后，皇帝不仅没有对首辅进行惩罚，反而还将弹劾他的官员进行了革职。

在我们看来，明朝对冒籍行为的处罚未免太过轻微，但是这种宽松的刑法在帝王眼中可能算是十分合理的。嘉靖皇帝就曾经说过："天下皆是我秀才，何云冒籍？"皇帝恨不得天下奇才能够尽数入朝，冒籍又算得了什么呢？

在明朝，
平民女子也能参与女官选拔

　　中国历史上，女性参与政治的程度一直是很低的，她们的舞台更多在政治的背后——后宫。

　　明朝很早就实行了女官制度，这个制度对应的就是皇帝后宫。明朝女官为六局，分别是尚宫局、尚仪局、尚服局、尚食局、尚寝局和尚功局。尚宫局主要是负责宫中文稿、书簿的加印和审核签名。后面五局分别负责皇宫礼仪、服饰、膳食、休寝、女工工作。每个局中都有总负责人两名，其余官职数人，总负责人为正五品官职，对本局的各种事务进行分配调任，其余官职分别是二十四司、二十四典、二十四掌，品级分别是正六品、正七品和正八品。

　　那么明朝的女官是怎么选拔的呢？

　　明朝的女官多是选自民间，按照当时制度，如果被选为女官入宫，朝廷不仅会免除他们的家族的丁役，还会承担路途中的旅费，等到女官辞官回家，还会给予她们相当数量的金银养老，因此当时很多适龄女子还是很愿意入朝当女官的。

女官和宫女是不同的，女官可以看作高级的宫女。明朝在选择一般宫女时多倾向于年轻貌美的良家女子，选择女官时则倾向予年龄稍大、略有学识的大龄女子。宫女一般是在宫中服役的女子，少数人可以成为皇帝的妃嫔。根据纪昀《明懿安皇后外传》上的记载，皇帝选宫女一般会有五千名备选人员，经过层层筛查，最后只有一千人能够入宫，其中有五十人会成为皇帝的妃嫔。

选拔女官一般有三个途径，一是民间征集，二是官员举荐，三是宫女调任。民间征集主要是以三十岁以上、四十岁以下的没有丈夫的女子为主，这些女子需要本身素质较高，能够识字读书、书写算数。官员也可以举荐自己认为可以胜任宫廷官职的女眷入宫。年纪稍长的宫女也可以被提

明　陈洪绶　《歌诗图》（局部）

拔做女官。

　　明朝初期的时候，女官选拔主要是以民间征集为主，基本标准都是识字、守节、无夫的民间女子。洪武二十四年（1391），朱元璋在进行女官选拔时，听闻有位叶氏妇人在家极其孝敬父母，于是托人将这位妇人找来，奉为女官。据说这位女官在返家的时候，还被皇帝赏赐很多银两，并且是锦衣卫护送回家。

　　到了明朝中期的女官选拔，朝廷不再注重女官年龄，年轻但是学识渊博的女子也可以入朝为女官，天顺年间最有名的女官沈琼莲就是在这个时期被选拔入宫的。这位女官在入宫之时只有十三岁，因为其才华横溢被破格录取。她还曾在初入宫廷时写出"玉貌花容列女官"的句子，这也说明当时的皇帝选拔宫女已经不再运用明太祖时期的女官标准，而开始注重女官的相貌了。

　　等到了明朝末期，宫女选拔和女官选拔已经混为一谈，皇帝在选拔女官时标准和宫女一样，尽管还是有民间选拔，但是当时的标准已经普遍是十六岁以下的年轻女子，入宫之后均要学习，之后再根据个人才干进行官职分配。

　　明朝的女官在宫廷之中的地位不像一般宫女及宦官那样身份低微，如果有幸被选为明朝女官，大家就会发现，后宫中基本是人人敬重女官。明朝有位女官名叫黄惟德，入宫四十三年兢兢业业，得到很多妃嫔和宫女的赞赏，甚至皇太后还在她返乡之时亲自作诗相赠。

第七章　礼

在明朝，
名字可不能随便取

我们常说"名如其人，人如其名"，姓名对于每一个人来说都不只是简单的符号。古语说"赐子千金，不如教子一艺；教子一艺，不如赐子好名"，古人对于起名是十分讲究的。

先说说明朝的姓，明朝初期，朱元璋对境内各民族极为宽容，即便是蒙古族也使其安居乐业，只是规定不能再用蒙古姓氏，因此当时的众多蒙古族百姓便纷纷将自己的多字姓改为一个字，像当时蒙古姓氏中的"赫连"被改称为"连"。与此同时，明朝也同其他朝代一样有姓名避讳，在当时，有些姓"朱"的人也被皇帝改称为"诸"。

姓氏代表的是百姓的宗族，名字则是代表个人。明朝人一出生并不会直接取大名，而是会先由家长取一个乳名，如张居正小名叫作张白圭，白圭就是他的乳名。除了乳名，明朝还流行一种"寄名"的风俗，当时人们大都相信鬼怪邪祟之说，孩子出生之后，家长为了躲避灾祸鬼怪，会将自家孩子送到寺庙或者道观中，请求僧人和道士给孩子起名。等到了孩子稍大一些，再改回原本的乳名。

现代人一出生，家长就千挑万选给孩子起好了名字，等着出生证明下来直接上户口，但是明朝却不是这样。明朝的孩子，都是等到长大之后，才会取正名，而一般情况下，孩子是要长到八岁才获得正名的。

百姓取名一般还是按照古制，避国讳、家讳以及山水器物等等。国讳自然是当时明朝的国号、皇帝的名称、谥号等，避家讳则是起名时要避免与家中长辈重名，以表示对祖先的敬重。而其他一些避讳则是要防止与著名的山水等出名的字词重复。当然这是针对一些有文化的家庭，有的百姓家中无人识字，在取名的时候比较随意一些。

比如，当时的百姓受寄名风俗的影响，很多人直接将孩子大名取作"佛""道"等等。这一点可以从当时的科举榜单中窥察一二，例如永乐年间乡试榜单中就有学子大名为"杨佛童""薛佛"。

相对于民间起名的简便，朱元璋给自己子孙后代起名则非常讲究仪式感。这位明朝的开国皇帝出身农民，小名朱重八。"朱重八"这名字在我们现在看来实在是有些好笑，但是在当时的元朝，没有文化的孩子是不配有名字的，只能用父母的年龄或者自己的生日命名，重八其实就是他父母生他时候年龄的总和。而他父亲的名字则更为简单——朱五四，朱元璋爷爷在五十四岁的时候有的他父亲。

朱元璋本人也是对自己原先的名字深恶痛绝，于是命人给自己的二十四个儿子、侄子分别写了一首五言绝句，要求这些后辈在取名字时必须按照诗词的顺序依次往下排。燕王朱棣的诗词是："高瞻祁见祐，厚载翊常由"，自他开始明朝皇帝的名字分别是朱高炽、朱瞻基、朱祁镇、朱见深、朱祐樘，每个皇帝名字中的第二个字都和诗词吻合，不得不说朱元璋在起名字上也是别具匠心。

古代人除了名还有字，例如刘备字玄德，玄德就是刘备的字。字一般是要等到男子及冠之后才取，古人在称呼别人时，为了表示对人的尊重，一般不会称呼其乳名或者大名，而是称字，例如张居正，他的字就是叔大。不过不同于前代的是，字的使用在明朝并不是十分广泛，相对于字，明朝人对于"别号"更为看中。

别号相当于人的外号。明朝时候，平民百姓一旦当了官，中举走上仕途，一般都会取别号。一般的百姓，包括僧人、工匠、大户人家的仆人等，也都由他人或者自己起别号。这些别号一般都有内涵，或者代表一个人的品质，或者代表地方，或者代表山水，总而言之，内容十分宽泛。

起号的风俗早在春秋战国时期就已经开始流行，到了唐宋时期逐渐在民间传开，到了明朝更是达到鼎盛。明朝人一般不称呼他人的大名和字，而是以别号称呼，比如张居正，他的别号是太岳，意思是他像高山一样让人仰止，所以满朝文武都称他为太岳相公。

明朝人的别号不一定只有一个，如果这个人的人生够丰富，他还会有多个称号，例如著名的画家陈洪绶就有众多别号，如

明 唐寅 《陶穀赠词图》（局部）

"老莲""老迟""悔迟""云门僧"。

经过时间的推移，别号最终逐渐在明朝演变成一种"绰号"。与名字号相比，起绰号就相当随意了。当时的官场当中，文武官员大都以官员的长相和爱好起名。到了明朝末期，朝廷之中纷争迭起，官员则开始以绰号作为对自己对立党派之人的调笑，将官员称为"两头蛇""桃树精""黑面豹"等等。

朝堂之中绰号都如此好笑，到了民间更不用说。所以明朝末年的各种笔记小说里，经常出现诸如"飞天燕子""托塔天王"这样的绰号，这就难怪施耐庵写《水浒传》时起外号如此得心应手。

还没见面，
先换"名片"

　　明武宗正德皇帝的出格在历史上是出了名的，他不理朝政、微服出游、扮流氓娶寡妇、抓豹子打瓦剌，简直是胡闹到了极点。

　　而在明武宗的行径中，最出格的就莫过于自己给自己封官了，明武宗曾自封"总督军务威武大将军总兵官"，为了把戏做全套，他还曾制作一个大大的名帖，在往来公事中使用。只不过不知道大臣在接到这位"总兵官"的名帖之后是否会纳闷"朝廷什么时候出来这么一个官职了"？

　　明朝人没有名片，相互见面不了解对方的身份，就互相送上一张贴了封面类似奏折的东西，里面写着主人的名姓官职，这就是名帖。

　　名帖最早在秦汉时期就已经出现，当时叫作"谒"，材料主要是木头或竹片。东汉时期名帖不再以"谒"为名，而是被人们称作"刺"。到了唐宋时期，科举制度开始普及，名片开始流

明 佚名 《太平乐事》册页之五（局部）

行起来，名片也逐渐改称为"门状"。明朝时，门状才更名为名帖。

明朝名帖之流行还要远胜于前代，原因之一是与科举制度有关。科举考生在当时可以通过用名帖拜会当朝权重之臣，与之相交对于自己的仕途十分有利。而明朝后期党派争斗激烈，各个党派官员之间的交往更加密切，就更增加了名帖的使用频率。

名帖在明朝有严格的规格设置，具体分为单帖、全帖两种类型。

单帖，也叫作单红，是一种不需要折叠的名帖，长约五寸，宽一寸左右。这种名帖在递送时因尺寸较小故不需要进行折叠。

全帖，也叫作双红、双帖，是以红纸制作的一种名帖。这种名帖一般会进行三折，长度约五六寸，宽两寸，一般而言官场上用全帖是为表示敬重。

除了具有实用性之外，名帖还是官员虚荣心的代表。按照当时官员制度，品级越高的官员收到的名帖规格越高。内阁以及六部当中的吏部是最受官员敬重的部门，下级官员在进行拜会之时都会以双帖拜见。而这些级别高的官员在拜会下级官员时则以单帖拜会。王世贞在《觚不觚录》中就曾经提道："五部及九卿于冢宰，用双帖，亦报之单帖。"

不仅是名帖的规格有讲究，这些名帖上书写的名字也有讲究。明朝名帖要在首页书写投帖人的姓名，投帖人姓名书写得越大就越表示对拜谒之人的尊重。

明朝的名帖种类丰富，应用范围也十分广泛。例如前朝流行的"投门状"，就是明朝名帖应用的一个重要场景。

　　凡是官员与官员会面，无论是上下级还是中央与地方官员，都需要先下拜帖，也就是投名帖。官员将自己的姓名、现任官职、拜见事由等个人信息工整书写在名帖之后，在拜会之时将名帖递交给守门的仆人，让仆人代为通传之后才可以会见主人。

　　官员自己或者家属官场上产生疏漏之事的，为了其他官员求情，也会递上自己的名帖，这种名帖在当时叫作"说帖"。说帖一般是将自己的名字、官职、所求之事在名帖之中详细说明，对方如果收下不予退回，就代表着对方考虑帮助送贴之人了。

　　在明朝，宴饮活动也会使用到名帖。明朝后期的宴饮活动十分丰富，官员与官员之间、官员与江湖人士之间经常有各种各样的宴饮活动。这些宴饮活动在进行之前，主人不仅要将款待客人的食物准备好，还要将名帖分发到各个受邀的宾客手中。

　　除此之外，明朝时期各个节日、典礼，百姓官员也都会互送名帖。诗人陆容《菽园杂记》就有提到京城元日之时的景象，元日之时百姓、官员都纷纷传递名帖以示祝福。

　　不过在当时这种名帖贺新年也逐渐演变成为一种形式主义。试想一下，官职大的官员每逢新年都能够收到一麻袋的名帖，想来怎么处理也是一件麻烦事。明朝诗人文徵明就有诗说这件事："不求见面惟通谒，名纸朝来满敝庐。我亦随人投数纸，世情嫌简不嫌虚。"送的人和收的人都觉得麻烦，还浪费纸，搞这样的形式主义到底图什么呢？

明朝称谓多，
真心记不住

　　所谓古今有别，现代称谓和古代称谓有很大的不同。现代人如果生活在明朝，要进行社交活动，首先就要学习让人"头大"的称谓。

　　开国皇帝朱元璋虽说是出身平民，对于各种礼仪制度却一点也不含糊，早在洪武元年（1368）就制定了宫廷的称谓制度。在宫廷宴会当中，每逢元日、冬至以及皇帝寿辰这种规模比较大的节日，皇太子和皇帝的其他孩子必须将自己的排行加上，皇太子自称"长子某"，其他皇子则要称自己为"第几子某"，按照这个规定，其他侄子、孙子自称也是一样，必须在自己的自称前加上排行。

　　朝廷大臣在面见皇帝时自称"臣"，称呼皇帝则名称较多，明朝时期一般称呼皇帝"主上""陛下""万岁""圣上"，这些多半是以前朝代留下的称呼，既有历史感又庄重。明朝后期，也有官员在面见皇帝时称皇帝为"皇上"或者"皇帝陛下"的，

明　仇英　《松林六逸》

这就显得较为随意了。

明朝皇帝一般自称"朕"。秦朝以前，"朕"是一个百姓通用的词汇，也就是说当时人们不分贵贱，都可以自称为"朕"，但后来逐渐演化为皇帝专属自称。但在平日里，明朝的皇帝也会自称为"我"。

皇帝称呼官员一般是称为"卿"，官员人数较多则称之为"卿等"。但是"卿"一般是在圣旨或者诏书中使用，在平常的私下场合，皇帝一般称呼官员为"汝"或者"尔"。但是对于一些德高望重的官员，皇帝往往会对其加以敬重，尊称其为"先生"，例如万历时内阁首辅张居正就被神宗皇帝称为"先生"。

官场之中的称谓一般是以官职相称，这一点与中国古代很多朝代大体一致。明朝内阁的大学士一般被称为"阁老"，而首辅则被称为"端公"。除了称呼对方的官职名称，还有称呼官员别号的情况，比如当时的首辅张居正，有人会称呼他"张江陵"。

官员和皇帝之外，宫廷中还有一种特殊的职业，也就是太监。太监在面见皇帝自称"奴""奴婢"，或者自称自己的名字。不过宦官作为明朝的一大特色，在后期的明朝拥有很大的权力，当时的魏忠贤就不再将自己称为"奴"，而是自称"九千岁"。

当然在皇帝面前，这些宦官还是比较规矩的。你一定想不到奸臣魏忠贤是如何称呼皇帝的！大名鼎鼎、一揽大权的魏忠贤在皇帝面前仍然是毕恭毕敬，他看到皇帝，要叫皇帝"万岁爷爷"，以表示自己卑贱的身份地位。

以上是朝廷或者官场的称呼，在民间，百姓的称呼则没有太多框架。当时的百姓一般都是自称"咱"或者"俺"，称呼他人为"秀""郎"。这些称呼在小说《水浒传》中都有体现，正如当时的武松被称为"武二郎"。郎一般用作称呼小辈或者地位比较低下的人，秀则是用于称呼长辈或者是当时社会地位较高，家中比较富裕的人。

百姓称呼他人的父亲一般称为"尊甫"，称呼他人的母亲一般是"尊堂"，称呼他人的妻子为"尊阃"，称呼他人的妾室为"尊宠"……称呼相同姓氏之人或者是自家亲戚时，一般在称呼前加上一个"家"字，如同为"张"姓的张三称呼张四为"家张四"。

可以看出，明朝百姓在称呼上多是表达对对方的尊重，一般是以尊称来称呼对方，而在自家，称谓则显得比较随意。

与现代社会一样，明朝对于家人的称呼一般就是"爷""奶奶""爹""妈""哥哥"和"姐姐"。但是也有一些不同的称呼，就比如明朝百姓称呼父亲时，有时也叫作"别""爹"，具体的称呼在不同的地区都有略微不同。比如广东地区将爷爷奶奶称为"亚公""亚婆"，江苏部分地区将哥哥称之为"况"。

当然明朝也有一些爱称，例如父亲称呼儿子为"宝宝"或者"保保"，妻妾称呼丈夫为"达达"，这些在现在听起来都有些肉麻的词，明朝人却可以毫不羞涩地叫出口。所以，假如生活在明朝，你还真需要认真了解一番如此繁多的称谓，否则容易闹出大笑话。

揖拜、万福，
明朝人必学的社交礼仪

嘉靖二十八年（1549），海瑞任福建南平教谕时，一个上级官员来南平巡查，接待这位上司的时候，南平知府以下官员哗啦啦跪倒一片，唯独海瑞立而不跪。

这官员一看顿时火冒三丈，铁青着脸说了句"哪里来的笔架山"。周围人都跪下，唯独海瑞"鹤立鸡群"，看起来确实像文房中的笔架，海瑞也因此得名"海笔架"。

中国自古以来就被称为"衣冠上国，礼仪之邦"，礼是中国儒家文化的核心追求。明朝作为中国程朱理学的顶峰，对于礼的追求更是刻板到了极点。朱元璋建国时，为恢复汉制制定了一系列礼仪规则，并要求后世一丝不苟地遵守。

朱元璋规定，官员在接听圣旨、向皇帝陈奏事情、进贡物资以及各种典礼仪式之时必须行跪拜礼，其余时候则只需要进行揖拜礼。

跪拜礼我们知道，揖拜礼是什么呢？这个礼节其实是揖礼和拜礼的结合。揖礼一般在官员与官员相见之时使用，下属遇见上级官员之时，弯腰举手，将手与眼睛齐平。拜礼则是用于官员面见皇帝时。明朝的拜礼实行的是五拜一叩制度。在电视剧中我们时常能够看到这样的场景：朝臣穿戴得整整齐齐，在天子面前议事，先是顿首四拜，四拜之后叩头，然后再拜一次。皇帝则会在最后一拜之后宣布让朝臣起身。如果是朝臣面见太子，那么他们只需要四拜即可。

洪武五年（1372），朱元璋又将官场礼仪进行了修改，以前官员相见，下级作揖，上级不必回应，改制后，官员作揖之后，上级也要拱手作为答礼。如果是品级相当的官员，则互相行揖礼即可。

官场上的烦琐礼节也在一定程度上影响了民间，只不过民间的礼仪比起官场已经得到了简化。民间一般是以作揖、对拜和叩首为主要礼节，明代遵循长幼有序，在当时民间家庭中，子孙拜见尊长、学生拜会老师的场合，晚辈都要行四拜礼节。在行拜礼之时，如果家中晚辈较多，还需要按照晚辈的顺序一一行礼。

至于女子礼仪，相对于其他朝代，明朝则较为简单了。明朝女子遇人需要行万福礼。万福礼在唐朝已经初见雏形，宋朝时期发展成为当时女子的正式礼节。明朝时期女子都要随身携带手绢，在行礼之时则将手绢收到腰间，行礼完毕再重新拿出。万福礼行礼之时，女子需要身体稍微弯曲，将右手搭放到左手之上，双手同时握拳放在腹部中央，右脚后撤一步，膝盖微微弯曲，头部略微低下，礼毕后方可直起身体。

万福礼在行礼之时，一般会加强称呼，如"某人万福"，这

明 丁云鹏 《浔阳送客图》（局部）

　　一点在古代小说《金瓶梅》中有大量描写，无论是女子见女子，还是女子见男子，女子都是行万福礼，而男子则是以作揖回礼。

　　不过到了明朝末期，这些礼节也渐渐因为社会风气发生了一些改变。在明朝初期，太监作为奴仆无论是遇到哪位官员都要行揖礼，可是到了明末，宦官在朝堂之中获得了相当大的权力，有些太监会被皇帝指派到地方进行巡查。这些太监在当时以官员自居，地方官见了无一不是尊敬有加，甚至有人还要向太监行揖礼！

　　嘉靖年间一位宦官曾说："我辈在顺门上久，见时事几复矣。昔日张先生进朝，我们多要打个躬。后至夏先生，我们只平着眼看望。今严先生与我们拱拱手，方始进去。"从张璁时太监主动行礼，到夏言时与太监忽视致意，再到严嵩时宰相给太监行礼，明朝礼法变迁就这样人随事转。

　　明朝初期，朱元璋还曾经下令禁止地方官府出城迎送中央巡查官，当时律法规定："凡上司官及使客经过，若监察御史、按察司官出巡按治，而所在衙门官吏出郭迎送者，杖九十。"也就是说不仅不允许地方官员出城迎送，迎送的官员还要被杖责九十。

　　但到了明朝后期，这种现象已经变得十分普遍。那时的中央官员前来地方，地方官员不仅大肆迎送，还会为中央官员置酒接风，甚至还会送大量精美礼品。可以说，社会礼仪的变化也间接反映着一个社会的风气。

执子之手，与子偕老
——明朝典雅庄重的婚礼

　　无论是古代还是现代，步入婚姻殿堂的少男少女都期望能够"执子之手，与子偕老"，为了实现这一点，我们发明了隆重的仪式，赋予婚姻神圣和庄重的感觉。

　　我国古代较为完整的婚礼仪式出现在周朝，那时婚礼并不叫"婚礼"，而是被称为"昏礼"。现代很多地方婚礼一般在白天举行，但是周人却不是这样。他们认为黄昏是一天当中最吉利的时间，所以举行婚礼的时间也应该是在黄昏。

　　周朝婚礼有"三书六礼"之说，"三书"指的是聘书、礼书、迎书，"六礼"指的是纳采、问名、纳吉、纳征、告期和亲迎，分别是指提亲、问女子姓名、占卜双方八字、下聘礼、告知女子婚期、进行迎娶。也就是说少男少女想要成婚，必须要进行这些仪式才能进行结发和喝交杯酒礼仪，然后成为夫妻。

　　作为复古爱好者，朱元璋制定的明朝婚礼也是在周礼的基础上改进而来。朱元璋规定，百姓的婚礼要按照《朱子家礼》进

行，《朱子家礼》是朱熹编撰的一本主讲礼仪的书籍，书中就有关于婚礼的介绍。

少男少女风华正茂，什么年纪是婚配的最佳时期呢？明朝规定婚嫁年龄男子是15岁到25岁，女子14岁到24岁。与现代崇尚晚婚晚育的男女青年不同，他们早早便开始准备自己的嫁娶事宜。

明　张居正　《帝鉴图说·爱惜郎官》

原因在于明朝的婚嫁必须"以时"，也就是说，男女的婚姻嫁娶必须在法律规定的时间线内，否则就是"过时"和"先时"。

"先时"是指早于婚嫁年龄，"过时"是指晚于婚嫁年龄。明朝人认为，婚嫁之中的"先时"和"过时"都不吉利，如果子女结婚过早，夫妻二人容易早逝，过时则容易生病。

同时为了防止男女婚姻不幸福，朱元璋也曾经规定，不允许男女双方的家长为子女指腹为婚，只能等子女到了婚龄才能议婚。

一般来说，百姓家中若是有男子到了婚姻年龄，就可以让媒人到女子家中提亲。当时婚姻大都是"父母之命，媒妁之言"，男女双方需要在父母同意后定下婚书，婚书必须要将对方的情况详细告知，比如年龄、疾病等等。这些信息如果不真实，即使结婚也不会被法律认可。婚书一旦定下不能反悔。

明朝的婚书必须包括五项内容，第一是主婚人的姓名，主婚人一般是男子的祖父母、父母或者其他长辈亲属；第二是男女双方的名字；第三是媒人的名字；第四是聘礼的数额；第五则是婚礼的时间。

等到婚书定下之后，男子家中则要在婚礼之前将聘礼送到女子家中，之后女子家中则会为女子准备嫁妆，等到了婚礼时间，男子则会来到女子家中进行迎亲。

明朝与其他朝代一样有各式各样的婚俗，也流行在婚礼上"闹新郎"和"弄新妇"。男子娶妻之时，会有同辈的男子一同聚集嬉闹，不让男子洞房，而女子上门也会有家中的亲戚妇人调笑。新娘子在婚礼之后要"回门"，回门在明朝叫作"双转马"。新婚夫妻在婚礼之后三日要带着礼物回到女方家中看望女方父母，这一点也体现在现代的婚礼习俗当中，在我国很多地方，仍然有很多新婚夫妻，在结婚当日或者隔几日会回到女方家中探望父母。

明朝婚姻仍然遵循一夫多妻的制度（准确地说是一夫一妻多妾），但是法律对于男子的结发妻子的地位有严格的规定。当时的官员或者百姓，将妻子当作妾室的杖责一百，将妾室作为妻子的要杖责九十。不过，古往今来，虽说婚姻制度多有变化，但是人们却大都想要与所愿之人相伴一生，尽管生活的琐碎磨平了热恋的激情，但能够彼此扶持、白头到老的婚姻才是一种"高级"的浪漫吧！

人人都有特殊的仪式
——明朝葬礼

自古以来，中国人就对"死亡"一词讳莫如深。对于死亡，人们不能改变它到来的时间，只能将各种礼节做到极致。

早在商周时期，人们就已经建立了一套完整的丧葬礼仪。丧礼在当时也分等级，帝王皇室、权贵高官与平民百姓的丧礼仪式都各不相同，这也体现了古人对于等级观念的重视。

皇室的丧礼具体包括小殓、大殓、上尊谥和出殡几个环节。小殓是指对去世之人进行容貌整理。皇帝去世，礼部会派人前来替皇帝清洁洗漱，簪发换衣，并且会在皇帝的尸体前陈设祭品。民间百姓则会应官府的指示，十五天内不可以杀生，京城的佛寺也需要进行击钟鸣丧。

小殓后的第二天要进行大殓仪式，大殓是将皇帝的身体放于提前准备的棺椁之中。大殓时，皇帝的家属，也就是皇子皇孙、妻妾妃嫔等内侍要身着丧服祭奠死者。文武百官也必须穿着丧服，戴乌纱帽前来吊唁。

上尊谥是指对去世的王公贵族封号。谥号早在西周就开始流行，并且一直延续下来，是后人用来评价死者一生经历和成就的词语或者短句。明朝时，皇帝去世后，太子会在大殓之后与群臣商议皇帝的谥号。比如朱元璋去世之后，朱允炆给他的谥号是"钦明启运峻德成功统天大孝高皇帝"。

之后则要进行最后一步——出殡，在当时也被称为"梓宫发引"。前朝的皇帝去世，礼制一般奉行的是"天子七日而殡，七月而葬"，但是明朝并没有奉行这样的仪式。朱元璋去世之后七天即送葬，后代的皇帝入葬时间也是长短不一，没有像历朝历代那样规范的制度。

百姓丧礼就比较简朴了，家产殷实的人家可以给死者办比较隆重的丧葬仪式，若家中穷苦，死者则只用梳洗干净，就会被直接下葬。

除了丧礼有等级划分外，墓葬的规格也有要求。早在汉朝时候，墓葬就曾经规定，天子的陵墓种植松树，诸侯的墓葬种植柏树，而百姓的墓葬只能种植杨柳。

明朝也对墓葬做了等级划分，据《明史》记载："功臣殁后封王，茔地周围一百步，坟高二丈，四围墙高一丈，石人四，文武各二，石虎、羊、马、石望柱各二。一品至六品茔地如旧制，七品加十步。一品坟高一丈八尺，二品至七品递杀二尺。一品坟墙高九尺，二品至四品递杀一尺，五品四尺。"也就是说明朝人的墓葬规格也是需要依法设置，不得随意变更。

除了这些等级划分，当时的明朝丧礼还有众多陋习，其中最有代表性的是陪葬文化。

明　陈洪绶　小品册页（局部）

　　据说秦始皇离世之时，秦二世曾经要求皇宫内部的女子，无论妃嫔还是宫女，凡是没有子女的都要殉葬。

　　刘邦即位后虽然废除了这项陋习，可是到了明朝，这一陋习又被皇室丧礼采用。根据《廿二史札记》中的描写："太祖崩，宫人多从死者。建文、永乐时，相继优恤，如张凤、李衡、赵福、张璧、汪宾诸家，皆世袭锦衣卫千百户，人谓之朝天女户，历成祖、仁宗、宣宗皆然。"

根据记载我们可以得知，当时明朝的皇帝在死后都曾经有过宫廷殉葬。朱元璋死后，朱允炆下令吊死后宫未生育的嫔妃及他们身边的未婚宫女，随后又给予这些殉葬之人的家人众多的封赏，还下令这些人的官位都可以世袭，世世代代都可以为官。

后世的明成祖朱棣、明仁宗朱高炽、明宣宗朱瞻基皆是如此。殉葬制度在明朝的第六位皇帝朱祁镇登基之后发生了变化，在命不久矣之际，这位心怀善意的皇帝告诉官员："用人殉葬，吾不忍也。此事宜自我止，后世勿复为"，才使得明朝的殉葬陋习得以结束。

死生亦大矣，
明朝人的祭祀礼节

古人常说"国之大事，在祀与戎"，这句话将祭祀和战争放在同等地位比较。战争关乎国运国祚，祭祀难道也是吗？至少明朝皇帝是这么看的。

朱元璋对于祭祀十分看中，他登基之后的前十二年间，一共举行大大小小的祭祀仪式十次，一方面是祭祀天地，祈求国家平安，另一方面是祭祀祖先，以表达对祖先的尊敬之意。

当然，明朝的祭祀也是有等级划分的。其中，官员祭祀祖先需要祭祀四代，而百姓则只需要祭祀三代。

明朝祭祀大都是在祠堂和墓地，祠堂之中的祖先牌位摆放也是有讲究的。对于祭祀四代的士大夫，在摆放祖先灵位时以左为尊，依次排序。祭祀三代的平民在摆放时则是以中心为尊，曾祖辈分摆放在中心，左边是祖辈，右边为父辈。

祭祀时间大都符合现代规律，一般来说，较大的节日如元旦、冬至等，明朝人都要祭祀祖先。除此之外在重阳、清玥之时，百姓官员则要进行墓地祭祀。

与现代人祭祀不同的是，明朝人的祭祀也有着礼仪规定。

首先是宗祠祭祀，朱元璋对宗祠祭祀礼节十分重视，洪武二年（1369）他就下令命官员编制祭祀礼仪。他认为祭祀需要有虔诚的内心，在进行祭祀前需要清洗身体，整理衣冠。《斋戒文》中写道："沐浴更衣，出宿外舍，不饮酒，不茹荤，不问疾，不吊丧，不听乐，不理刑名，此为戒也。"也就是说，祭祀之前百姓不仅需要清洁身体，还要注意饮食言行。

明朝沿袭宋朝时期的祭祀体制，将祭祀分为大祀、中祀和小祀三种。大祀是当时最为隆重的祭祀礼仪，包括祭祀朝日、夕月、圜丘、方泽、宗庙、社稷、先农；中祀次于大祀，包括风云、雷雨、岳镇、太岁、星辰、海渎、山川、先师、旗纛、历代帝王、司中、司命、司民、司禄、寿星；小祀则是其他诸神的祭祀。

《斋戒文》中认为，大祀应该斋戒七日，中祀五日，但是朱元璋却认为斋戒时间过久，不仅对人身心无益，还会使得人抵抗倦怠，因此规定不论祭祀等级，百姓官员在祭祀之前斋戒三日即可。除了斋戒之外，在祭祀之前，祭祀之人还要在祠堂摆放供品。到了祭祀之日，家中主人要召集家中祭祀成员，依次前往祠堂参拜祖先，顺序需要一一按照长幼排列，不得乱序或者僭越。

那么墓地祭祀有哪些讲究呢？墓地祭祀一般在清明时节，历朝历代也有这样的传统。到了明朝，朱元璋觉得人们不仅清明要进行墓地祭祀，重阳也应该被当成祭祀祖先的节日，于是明朝人就多了一个"节日"。

有明一朝，每年清明、重阳，我们都能看到穿戴整齐、携带祭

品的人，此起彼伏
地前往墓地祭拜。

　　明朝的清明祭
祀不仅是供奉食物
酒水，还要进行焚
烧。焚烧祭品的习
俗最初是在宋朝出
现，明朝百姓沿用
了这个礼节。祭祀
之时百姓将纸钱、
器物、仆人之类的
物品在墓地旁边焚
烧，希望先祖在冥
府使用。

　　当然南北方人
的祭祀习俗也不尽
相同。在当时的河
南地区，百姓除了
清明、重阳进行祭
祀，还会在每年的
七月十五等日期上

明　吴彬　《楞严廿五圆通佛像册·峤陈五比丘》

坟。山东地区的祭祀礼节则更加繁重，人们不仅要进行供奉，还
要痛哭祭拜。南方祭祀则比较愉悦，当时的墓祭已经不仅仅作为
一种祭祀方式，人们在祭祀之时还会踏青游玩。

第八章 乐

叶子戏、打马吊，
好赌的明朝人

现代的年轻人娱乐活动十分丰富，健身、K歌、打牌、手游网游等等，都是年轻人消遣闲暇时光的好项目。古人不像现在有丰富多样的娱乐设备，他们每天吃饱喝足之后都玩点什么呢？

这就不得不说到博戏。所谓博戏，是指中国古代民间茶余饭后的一种具有赌博色彩的游戏，相当于现代的掷骰子、打麻将、打扑克。明朝人爱玩的叶子戏和马吊牌，都是古代博戏的一种。

关于叶子戏的起源有两种不同的说法，一种是相传楚汉战争时期，韩信为了缓解士兵们思乡之苦而发明叶子戏以作行军消遣；另一种说法是唐代著名天文学家"一行和尚"张遂发明了叶子戏以供李隆基和宫女玩耍。无论是哪种起源说，叶子戏名称的由来，都是因为纸牌的尺寸只有叶子那么大，所以称为叶子戏。叶子戏的玩法是，依次抓牌，大牌可以捉小牌，玩法和现代的扑克牌差不多，故叶子戏也被称为是扑克、字牌、麻将的鼻祖。

到了天启之年，叶子戏演化成马吊牌。顾炎武在《日知录》

中记载："万历之末，太平无事，士大夫无所用心，问有相从赌博者，至天启中，始行马吊之戏。"天启年间，马吊牌由游戏中的附属筹码，转换成一种新的博戏工具。马吊牌分十字、万字、索子、文钱四种花色，由四人参与游戏，每个人先取八张牌，剩余八张放在桌子中间，轮流出牌、取牌比大小定输赢。马吊牌四种花色，由四人参与游戏，有点像现代的麻将，但是具体玩法和

明　陈洪绶　《授徒图》（局部）

麻将还有很大区别。

　　明朝人打马吊、叶子戏，就像现代人打牌一样，无论是茶余饭后还是亲友聚会，只要人手齐了都可以玩上一局。无论男女老幼，在乡间田野、街旁巷弄或是深宫庭院，都有游戏牌局间的乐趣，这一点无分古代与现代，游戏娱乐总比读书写字要来得生动有趣。明代潘之恒创作游艺书《叶子谱》，专门讲述马吊牌的玩法。加之打马吊、叶子戏带有赌博色彩，牌局间斗智斗勇，让赌博之风在明代极为盛行。

坊间传闻，崇祯十五年（1642），农民起义正如火如荼，朝廷内忧无解，外患又来袭，北方的后金势力也让大明王朝胆寒，此时的明朝天灾人祸不断发生，阶级矛盾日益尖锐。大学士周儒正在奉命视察军队，突然发回急书"既出都百里，旗牌持令箭，飞马回京"，世人误以为前线告急，无比恐慌，没想到大学士只是想打马吊牌了，"为取纸牌诸弄具而已"。

明代的士大夫整日沉迷打马吊而荒废政事，这样的坊间传闻虽已无从考证真假，却能反映出明代赌博之风盛行。清代吴伟业所著《绥寇纪略》记载，"万历末年，民间好叶子戏，图赵宋时山东群盗姓名于牌而斗之，至崇祯时大盛"，并认为"明之亡，亡于马吊"。

明朝存在时间达到276年，导致其灭亡的原因是多方面的，亡于马吊的说法有些极端，我们当然不能把灭亡之责归咎于一张马吊牌，但明代赌博之风盛行的风气确实已经给社会造成了负面影响。

你有所不知的
青楼文化

　　一谈到青楼，不少人会嗤之以鼻，青楼不就是妓院吗？其实青楼这个名称原指豪华精致的雅舍，后来随着历史潮流的发展，成了烟花之地的代称。

　　青楼起源于春秋战国时期，管仲可以说是青楼的开山鼻祖，没错，就是齐桓公身边的一代名相管仲。管仲为相期间，为了推动齐国经济发展，设置了拥有700名妓女的"国家妓院"，称为"女市"，前来玩耍的宾客都需要交税，他的这一举措果真促进了齐国经济发展。

　　青楼产业在唐朝、宋朝时期发展极为繁盛，青楼女子能吟诗作赋的，数唐代最多，许多文人雅士与青楼女子成为知己或是恋人。青楼也不再是普通意义上秦楼楚馆，而是形成了后世所说的青楼文化。

　　到了明朝，青楼业发展异常迅猛，官方设立了教坊司，也就意味着，明朝的青楼合法并且是国营性质的，在明朝所有大城市之中，几乎都有着青楼的存在。明朝的青楼设栏杆为舞台，供宾客欣赏青楼女子绰约风姿，这也是明朝的青楼称为"勾栏"的由来。

青楼女子多是罪臣家中女眷，或是穷苦人家被逼良为娼的苦命女子。大多数女子作为官妓或乐妓，卖艺不卖身。在教坊司的栽培下，从诗书礼仪、琴棋书画、兵法剑术到音律舞蹈无不精心研习，眉宇之间一颦一笑与大户人家的千金相比也毫不逊色，引得不少文人雅士、达官贵人流连于花丛之间。

朱元璋还经常赏赐有功的大臣和欣赏的才子们去青楼玩耍，朱棣在位期间，正月十一到二十日的十天内给官员放假，有事情写奏旨即可，明朝天下男人皆可寻欢作乐，正是因为有皇帝的纵容，明朝青楼产业才蓬勃发展、经久不衰。

明朝色艺双绝的青楼女子不胜枚举，有着"秦淮八艳之首"

明 唐寅 《临韩熙载夜宴》图（局部）

称谓的柳如是，不仅有着闭月羞花的容貌，更有心怀天下的才情，是值得后世称赞的奇女子之一。沈虬在《河东君传》评价其"知书善诗律，分题步韵，倾刻立就；使事谐对，老宿不如"，王国维曾题诗："幅巾道服自权奇，兄弟相呼竟不疑。莫怪女儿太唐突，蓟门朝士几须眉？"称赞其有着深厚的家国情怀和抱负。

明朝的青楼女子虽不乏琴棋书画样样精通之辈，但她们的社会地位极其低下。朱元璋将天下之民分为"军户""匠户""民户"，还有一个身份就是"贱民"，当时青楼女子就属于"贱民"。她们的着装也不能和良家妇女相同，据《明实录》所载："教坊司乐艺着卍字顶巾，系灯线褡膊，乐妓明角冠皂褙子，不许与民妻同。"还要求青楼女子及其家属只能穿毛猪皮鞋，家属中的男子必须头戴绿巾，只能靠街道两边行走，足以体现了明朝青楼女子地位卑微低下。

青楼女子还有一个特殊任务就是求雨，当天公不作美不下雨时，青楼女子就要不吃不喝不睡觉，唱歌奏乐祈祷老天爷快点下雨。如果真的下雨还好，要是求雨失败，就会面临被砍头的风险，可见古代女性的地位何其低下。

虽然明朝官员一度呈现从上到下无论身份地位都流连于青楼的局面，但在明朝中期以后，也出现过一次扫黄行动。这个皇帝就是朱瞻基，他继位之后，为了整顿社会风气，树立正面的官员形象和国家立场，对这些风月场所进行大范围的清扫。在这次扫黄行动之后，官妓的数量大大减少，可是私妓又层出不穷，看来全面清除绝非易事。

大明朝的
"全民旅游"

近年网络上有一句流行语："身体和灵魂总有一个要在路上。"于是，在当代年轻人的观念里，一场说走就走的旅行，似乎能为平淡的生活带来特别的意义。加之现在交通越来越发达，旅游成为生活中比较普遍的解压方式。

那么古代的小伙伴们是不是就很惨了？在没高铁、没飞机，连自行车也没有的明朝，老百姓是怎么旅游的呢？交通基本靠走吗？没有旅行APP，酒店怎么预订呢？是不是明朝人根本就不出门旅游呢？

事实并非如此。明朝人不但酷爱旅游，还是阶层广泛的全民旅游。明朝中期以后，旅游兴起，虽然在明代之前和之后的王朝，都有旅游的现象，但是以旅游盛行作为一个朝代的关键词，明朝还是第一个。《古今图书集成》所载"吴人好游，以有游地、有游具、有游友也"，无论是达官贵人、文人雅士还是平民百姓，都乐此不疲地行走在看风景的路上。

明　仇英　《春山吟赏图》

明朝初期，人们的生活节俭，朱元璋"宫室器用一从朴素，饮食衣物皆有常供"作为表率，当时民风淳朴，少有贪污浪费。

到了明朝中期，随着商品经济的飞速发展，明朝人的衣食住行都有很大改善，尤其是有钱的商人们"无不盛宫室，美衣服，侈饮食"。文人阶级和商人阶级涌现，明朝人的思想一步步脱离老教条的束缚，不再怕浪费金钱和时间，开始享受游玩于山水间的乐趣。

明朝人旅游的景点不输现代，尤其是当时的景点并不同于现在开发的旅游景区，自然景观美不胜收。像南京周边的钟山、牛首山、清凉寺、鸡鸣寺、灵谷寺、秦淮河，杭州的西湖，苏州的莲花荡，每逢好时节便人头攒动好不热闹，尤其是七月的西湖，张岱在《陶庵梦忆》记载"一无可看，止可看七月半之人"，由此可见，人山人海的旅游盛况不逊色于当下。

文人墨客在吟诗作对，孩童们嬉戏玩耍，连自由受限制的妇女，也加入旅游的队伍中。明朝人不仅热衷于自然景观，对宗教旅游胜地也十分热爱，泰山、华山、武当山、普陀山等都成为明朝善男信女的进香胜地。

接下来的问题是，明朝人旅游真的基本靠走吗？显而易见，答案是否定的。明朝的交通运输业发达，陆路可以坐轿子、骑马、坐马车，水路可以乘船。速度虽然远比不上现在的高铁和飞机，但是可以一路欣赏沿途的风景，泛起一叶扁舟徜徉在山水间，也是一种绝妙的旅行体验。

明朝不光交通运输业发达，住宿也十分便利，有书记载："投店者，先至一厅事，上簿挂号，人纳店例银三钱八分，又人纳税山银一钱八分。""计其店中，演戏者二十余处，弹唱者不胜计，庖厨炊爨亦二十余所，奔走服役者一二百人……客日日至，而新旧客房不相袭，荤素庖厨不相混，迎送厮役不相兼，是则不可测识之矣。"可见住宿的旅馆不光住得好、吃得好，还能看戏听曲。

明朝的旅游盛况，催生了徐霞客这样的旅行家，还有张岱这样的文学家，文人墨客也因此留下了有关自然景观的唯美诗句，流芳百世。同时，全民旅行促进了明朝经济的进步，交通业、住宿业、餐饮业、戏曲等都得到发展，明朝人也因为旅游，保持着乐观的态度，收获了更有意义的人生。

宠物万岁，
明朝有猫吗

现在越来越多的人喜欢养宠物，一个个"铲屎官"乐此不疲地照顾着家里的喵星人和汪星人，朋友圈晒的都是宠物的照片。那么，明朝人养宠物吗？

明朝人也是非常喜爱养宠物的，富贵人家养花虫鸟兽，普通人家养猫猫狗狗，这和现代人养宠物的情况差不多。出于对宠物的喜爱，无论是古代人还是现代人，都撸起袖子做起了"铲屎官"。

说到明朝人养宠物，得从明朝宫廷说起。从朱元璋执政开始，明朝的宫廷就豢养了许多猫和鸽子，史书记载"子孙生长深宫，恐不知人道，误生育继嗣之事。使见猫之牝牡相逐，感发其生机。又有鸽子房，亦此意也"。原来，朱元璋养猫不是为了玩耍解闷，而是为了给长期生活在深宫的子孙们进行性启蒙。

别管是出于什么目的养的猫，明朝宫廷里的猫，要比现代的宠物猫们尊贵多了。当代的宠物猫们只有一个"铲屎官"伺候

宣德二年戲寫一笑圖

明　朱瞻基　《一笑图》

着，而明朝宫廷设有专门的猫房，皇帝养的猫被三四个人精心侍奉。《酌中志》中有所记载，猫儿们不仅住得好，服务好，吃得也不错，每天都以肉类作为食物。要知道，那时候的普通百姓也不一定每天都能吃到肉。

作为一只宫廷的猫，日子过得滋润不说，还被取了名字，公猫是"小厮"，母猫是"丫头"，封官的猫就叫"老爷"或"管事"。明熹宗朱由校还给他最喜欢的猫封了官，不仅给予赏赐，还定期发俸禄，虽然听起来有些滑稽，但是足以看出皇帝对猫的喜爱之情，原来古代就有"猫奴"了。

明世宗朱厚熜最喜欢的猫名叫雪眉，据记载"雪眉毛发卷曲呈微青色，双眼晶莹，双眉洁白如玉；狮猫颈部毛长、头大而耳短、两眼圆睁、不威而怒，形如狮子"。朱厚熜对雪眉的喜爱程度可以概括成一句"后宫佳丽三千不如猫"。

雪眉生前在宫廷中享受着养尊处优的生活，死去的时候，朱厚熜悲痛万分，几天不吃不喝，下令为爱猫打造金制棺材，并命人书写祭文超度，造碑立冢，提名"虬龙冢"。由此可见，在明朝宫廷里，猫的地位甚至比人还高，尤其是皇帝最喜欢的那只猫，可能比皇妃得到的宠爱都多，原来皇帝们竟是"铲屎官"中的佼佼者。

明朝宫廷里还有一位皇帝也喜欢猫科动物，但是柔软可爱的小猫咪并不能满足他，他的爱宠是凶猛的豹子，他就是明武宗朱厚照。为什么那么多惹人喜爱的宠物他不喜欢，却偏爱豹子呢？原来是因为皇廷有座宫殿，专门豢养珍奇野兽，史书记载"至役勇士二百四十名，岁廪二千八百石，占地十顷，岁租七百金"。

一次朱厚照命人将一块肉放进去，看看哪种野兽最为凶猛，结果豹子拔得头筹，从此朱厚照称此宫殿为"豹园"。豹子的凶猛和攻击性是朱厚照最为喜爱的地方，朱厚照还曾因为和豹子玩耍而受伤，导致"阅月不视朝"，这也从侧面印证了他崇尚武力的性格。

明宣宗朱瞻基人称"蟋蟀皇帝"，被后世誉为明朝历史上一位又会玩又会治国的好皇帝。在他的治理下，明代出现了"仁宣之治"的盛世。朱瞻基酷爱斗蟋蟀，当时最好的蟋蟀在江南，朱瞻基为此还专门让人骑马到江南捉蛐蛐，同时每年都让各地采办上等蟋蟀来京。

在明朝，不仅宫廷对各种宠物喜爱有加，普通百姓也十分喜爱宠物，就像现代人的生活一样。虽然环境不及皇宫那样优渥，也能为生活带来乐趣。

上元节、上巳节、社日……
明朝人的狂欢节

现代社会的节日要比古代多很多，有传统的春节、元宵节、端午节、中秋节，还有国外的圣诞节、万圣节、感恩节、情人节。每逢佳节，亲朋好友欢聚一堂，现代节日的乐趣已经不在节日本身，而是节日创造的团聚的机会。

我国的传统节日，从古代很早时期就已经存在了，一代又一代流传至今。在大明王朝，各种节日的热闹程度不输现代。

上元节

《明宫史》记载"正月十五日上元，内臣宫眷，皆穿灯景补子、服蟒衣。灯市十六日更盛，天下繁华咸萃于此，勋戚内眷登楼玩看，了不畏人"。这个场景描述了宫廷中上元节的盛况。

上元节就是现在的正月十五元宵节，现在的元宵节有吃元宵、赏花灯、猜灯谜、放鞭炮等活动，那么明朝的上元节都有什么活动呢？

　　明朝人在上元节期间跳百索、玩蹴鞠、放烟花、唱戏文，还有看花灯的重头戏。明朝的灯市，从正月初八摆到正月十七。永乐年间，皇帝为了让天下百姓庆祝节日，更是取消了上元节前后的宵禁，并给官员放假，允许老百姓们到午门看花灯。明朝的灯市白天为集市，各种奇珍异宝应有尽有，到了晚上，便是一幅张灯结彩、人头攒动的热闹图画，看得人们眼花缭乱。看花灯的风俗一直延续到现代，我国不少城市在元宵节期间都会举办灯会。

　　同样延续到现在的一个习俗还有"走百病"。"饭后走一走，活到九十九"，尤其是在元宵节那天，吃完晚饭一定要出去走走。明朝"走百病"的风俗是在正月十六这天晚上，妇女们凭

明　仇英　《南都繁会景物图》（局部）

借着微弱的月光，成群结队地去摸城门上的门钉，如果摸到了就是大吉之兆，预示着会有好事发生。

上巳节

三月三为上巳节，这个节日在历史潮流的推演下已经逐渐被遗忘了，在现代的节日里已经基本上看不到上巳节的身影，不过在明朝，老百姓还是热衷于过上巳节的。上巳节一个最重要的习俗叫作"祓禊"，祓是去除的意思。"祓禊"的习俗旨在去除不祥和污秽，所以明朝人会在上巳节这天去河边沐浴，让灾厄与病痛随着流水离开身体。"祓禊"除了洗净污垢的意思之外，还有

祈求生育的作用。上巳节恰逢初春，明朝人除了沐浴祭祀，还成群结队地踏青出游。三月三和清明节日期相近，随着上巳节逐渐被淡忘，清明节踏青的习俗保留至今。

春节

无论现代或者古代，春节都是一年当中最重要的节日。在明朝，春节期间最热闹的地方当属庙会。庙会节日气氛浓厚，锣鼓喧天人山人海，卖鸡的、卖鱼的、卖拨浪鼓的、卖糖球的，还有唱戏的、演杂技的、变戏法的、耍花枪的，百姓们纷至沓来，庙会的每个地方都充满欢声笑语。明朝的庙会不只有春节一次，还有每月开放数次的定期庙会，只要想凑个热闹，经常会有机会参加。明朝经济繁荣、政局稳定的时期，百姓生活的幸福指数真的很高。

社日

在明朝，还有个重要节日叫作社日。社日节又称"土地诞"。古代农耕社会，在古人的心中，土地滋生万物，没有土地就没有粮食，万物也不能生长，所以格外敬畏土地。在社日节，明朝人到土地庙烧香祭祀，敲锣鼓，放鞭炮，祭拜土地神，称为"祭社"，祈求一方富足平安。祭社活动是非常盛大的场面，不仅普通百姓要祭拜村里的土地神，皇帝也要祭祀"王社"，祈求国家风调雨顺，百姓安居乐业。

打马球还是蹴鞠？
热爱体育的明朝人

今天，说起足球这项运动，常常有人调侃它"起源于中国"，还戏言宋朝时如果有世界杯，中国一定是冠军最有力的争夺者。

虽然是戏言，但现代足球的雏形确实是最早在中国出现。中国古代将这种用脚踢球的运动称为蹴鞠，蹴鞠一词最早出现在战国时期。在两汉三国时期，蹴鞠运动发展迅速，不仅保留了表演性蹴鞠，还发展了竞赛性蹴鞠并用于军中练兵。到了唐宋时期，蹴鞠更为普及。唐代产生了充气球，规范了蹴鞠的玩法，还出现了蹴鞠组织，甚至连妇女也加入了蹴鞠运动的行列里。

到了明朝初期，蹴鞠运动便是全民普及的活动了，无论是军中还是民间，都热衷于蹴鞠运动。明朝还出现了专门做蹴鞠出售的商店，售卖各种各样的蹴鞠，还出现了著作《蹴鞠谱》。明朝成立了很多蹴鞠组织，称为"圆社"，相当于现代的足球俱乐部。

在明朝，不仅男人喜欢蹴鞠，女人也经常参与蹴鞠运动。明

明　商喜　《明宣宗行乐图》（局部）

242

朝有一位知名的蹴鞠队员彭云秀，据《太平清话》记载"以女流清芬，挟是技游江海"，彭云秀蹴鞠技术一流，深受明朝百姓们喜爱。由此看来，明朝已经有体育明星了。

《明史》记载："士信每出师，不问军事，辄携樗蒲、蹴鞠，拥妇女酣宴。"可见，明朝军中沉迷蹴鞠运动，已经到了不问军事的地步。后来，朱元璋觉得踢球是玩物丧志，便下旨不允许军中再进行蹴鞠运动，甚至下令"蹴鞠者卸脚"。朱元璋禁得了军中禁不了民间，由于蹴鞠本身的魅力所在，普通百姓依然热衷蹴鞠运动。到了明朝后期，蹴鞠仍然盛行，只是偏向于娱乐性。

明朝的皇帝朱瞻基和朱厚照都是蹴鞠的爱好者。朱瞻基因喜爱蹴鞠，还曾作诗一首："密密青荫皆贝宫，锦衣花帽蹴东风。最怜宛转如星度，今古风流气概同。"当时的蹴鞠基本失去竞技性，属于娱乐性质了，朱瞻基闲来无事，就会在宫里叫上一众宦官，为他表演蹴鞠，他在一旁饶有兴致地观看。《朱瞻基行乐图》就描绘了朱瞻基观看蹴鞠的场面。

朱瞻基除了喜欢蹴鞠，还喜欢打马球，不得不说这位皇帝还是很会玩的，《朱瞻基行乐图》长卷中也有明宣宗观看马球比赛的画面。

马球是一边骑着马，一边用球杆击球的一种体育活动。在中国古代，打马球叫作"击鞠"，从字面含义也能看出，就是用杆打球的意思。打马球在历朝历代受欢迎程度和蹴鞠不相上下，始于汉代，在唐宋时期风靡一时，非常受皇室和权贵阶层的喜爱。由于马球可以锻炼骑马技术，增强身体素质，唐玄宗遂下令将马球作为军队训练的科目。

　　明朝也是如此，打马球是明朝宫廷很普遍的运动，明朝皇帝对此也格外热衷。中书舍人在陪同朱棣观看马球时，赋诗一首："忽闻有诏命分朋，球先到手人夸能。马蹄四合云雾集，骊珠落地蛟龙争。"马蹄像腾云驾雾一般，骑马者如同蛟龙争夺宝珠般激烈竞技。

　　马球不仅在中国古代风靡，还流传到了海外，在印度、英国、美国、阿根廷也广受欢迎。马球曾作为奥运会正式比赛项目，至今一些国外地区仍保留着这项运动。

《朱瞻基行乐图》（局部）

厅堂船舫、戏台广场，
无处不在的明朝戏曲

明清笔记小说中有个典故，说的是一群官员看戏，戏目是《草船借箭》，座中有位大人不学无术，看到诸葛亮出奇招借箭时，禁不住拍着大腿说道："孔明真了不起，也只有孔子这样的圣人才有这样的后代。"

听此话，座中一片哑然，只是有一官好诙谐，接口说道："秦始皇之后有秦桧，魏武帝之后有魏忠贤，可见恶有恶报呀！"座中官员再也忍不住，顿时哄堂大笑。

明清流行看戏，从东到西，从南到北，仿佛就没有从未看过戏的大明子民。我们现代年轻人看戏曲，总会有一种无聊感，觉得戏曲太古老，难以欣赏。然而对于古代人来说，戏曲就是他们的电影、电视剧。

戏曲最早出现的时间可以追溯到先秦时期，那时的人们主要是将各种歌舞用于各种娱乐活动和祈福祭祀之中。戏曲的发展阶段是在唐朝中期，戏曲还在当时获得了一个独特的称号："梨园"。

梨园原先是唐朝皇宫的一个果园，因为当时唐玄宗爱好戏曲，常常在梨园教授艺子在这里学艺，于是人们就将戏曲班子称为梨园，梨园弟子则成了称呼戏曲艺人的别称。《新唐书》中曾写道："玄宗既知音律，又酷爱法曲，选坐部伎子弟三百，教于梨园。声有误者，帝必觉而正之，号皇帝梨园弟子。"

元朝时期，戏曲已经发展得非常成熟。到了明朝，戏曲则又创立了一个新的高度。不过戏曲在明朝的发展是在明朝后期，因为在明朝初期，国家戏曲的规定还比较严格。

当时朱元璋是明确禁止军官唱戏的，有条文规定："在京但有军官军人学唱的，割了舌头。"永乐年间，朱棣不再禁止戏曲演出，但是仍然对戏曲加以限制，对于演唱亵渎帝王、先贤的戏曲、杂剧的艺人，一律送到刑罚机关。

到了明朝中期，朝廷对于戏曲的禁令不再被世人惧怕，官绅百姓之中盛行起一股听戏之风。士大夫不仅在戏院听戏，甚至将戏曲艺人招揽至自己家中。而这些戏曲声伎则是在士大夫的带领下，进入各种场合进行声乐表演。宴饮聚会的园林、楼阁，游玩交际的船舫、山间，甚至佛寺、官场都成了戏曲演出的场所。

戏曲在明朝变得如此流行的主要原因有三点：

第一，元朝时期的戏曲已经发展得十分成熟，当时的君王百姓都是依靠这种艺术形式进行娱乐，等到明朝建立之后也是延续这种娱乐方式，戏曲从上到下都被人们所接受。

第二，社会风气也是戏曲流行的一大原因。明朝中后期，社会风气已经十分开放，当时的士大夫在进行各种社交活动时都会将戏曲作为娱乐的第一选择。

明　仇英　《浔阳琵琶图》

陈琬当时在《矿园杂记》中就曾经说到过这样一位科举考生，名字叫作周诗。嘉靖年间，他与同乡一同参加科考，科举放榜时，众多考生都纷纷前往城门观看榜单，但是周诗却不为所动，继续在戏园演唱戏曲。人们一看解元的名字是周诗，便大声叫喊周诗的名字，让他出来看榜，周诗则浑然不知，继续演唱，唱完竟然直接回家了。

第三，当时的士大夫不仅听戏，还会写戏。也就是说明朝不仅只有戏曲艺人进行戏曲创作，众多的士大夫也纷纷参与到戏曲创作中，使得戏曲内容更加丰富多彩。明朝最出名的戏曲作家汤显祖就是士大夫中的一员。

汤显祖从小就在艺术的熏陶之下长大，十分憎恶官场的贪污腐败。然而他生活的年代刚好是明朝党争迭起的时代，不与众多虚伪的士大夫为友的后果就是他的仕途难以步步高升。在这种环境下，他逐渐放弃了官场名利，将自己的身心全部投入到了戏曲创作当中。

《牡丹亭》《南柯梦》《紫钗记》《邯郸记》都是他的得意作品，其中最出名的作品当属《牡丹亭》。明朝的杂剧家吕天成曾经评价这部戏曲，说它"惊心动魄，且巧妙迭出，无境不新，真堪千古矣"！

附录1 明朝纪元表

中国历代纪元	谥号/庙号（姓名）	生卒年	在位时间	在位时长（年）	评价高的时期	重要事件
明 （1368~1644）	明太祖（朱元璋）	1328~1398	洪武（1368~1398）	31	洪武之治	五次亲征蒙古，郑和下西洋、修《永乐大典》、建紫禁城
	明惠帝（朱允炆）	1377~?	1398年即位，建文（1399~1402）	4		
	明成祖（朱棣）	1360~1424	1402年即位，永乐（1403~1424）	22	永乐盛世	
	明仁宗（朱高炽）	1378~1425	1424年即位，洪熙（1425）	1	仁宣之治	
	明宣宗（朱瞻基）	1399~1435	宣德（1426~1435）	10	仁宣之治	
	明英宗（朱祁镇）	1427~1464	1435年即位，正统（1436~1449）	14		
	明代宗（朱祁钰）	1428~1457	1449年即位，景泰（1450~1457）	8		
	明英宗（朱祁镇）	1427~1464	1457年复辟，天顺（1457~1464），明朝唯一一个使用过两个年号的皇帝	8		
	明宪宗（朱见深）	1447~1487	1464年即位，成化（1465~1487）	23		
	明孝宗（朱祐樘）	1470~1505	1487年即位，弘治（1488~1505）	18	弘治中兴	
	明武宗（朱厚照）	1491~1521	1505年即位，正德（1506~1521）	16		

续表

中国历代纪元	谥号/庙号（姓名）	生卒年	在位时间	在位时长(年)	评价高的时期	重要事件
明 （1368~1644）	明世宗（朱厚熜）	1507~1567	1521年即位，嘉靖（1522~1566），明朝实际掌权时间最长的皇帝	45		嘉靖新政、抗击倭寇（戚继光）
	明穆宗（朱载垕）	1537~1572	隆庆（1567~1572）	6	明朝国运中兴时期	隆庆新政、隆庆开关、俺答封贡
	明神宗（朱翊钧）	1563~1620	1572年即位，万历（1573~1620），明朝在位时间最长的皇帝	48	万历中兴	万历新政、万历三大征
	明光宗（朱常洛）	1582~1620	泰昌（1620年8月28日~1620年9月26日）	30天		
	明熹宗（朱由校）	1605~1627	1620年即位，天启（1621~1627）	7		东林党争、宁远之战
	明思宗（朱由检）	1611~1644	1627年即位，崇祯（1628~1644）	17		清兵入关

附录2　明朝科技文化成就一览

衣

明朝的婚服在沿用唐宋传统服制的同时，也有新的突破，在形制和色彩上都有明显的"明式特征"。可以说，大红吉服、上衣下装搭配凤冠霞帔的女性婚服，正是在明代正式确立并延续后世的。

食

明代饮食的一大特点就是出现很多外来食材，大大丰富了原本的菜系、菜式。番茄、辣椒、南瓜、地瓜（甘薯）、玉米、大蒜都是在明代传入中国的，特别是辣椒的传入，对于中国饮食来说是革命性的。没有辣椒，今天的川菜、湘菜都无法形成。如今大众喜欢做的番茄鸡蛋汤在明代已经出现。

行

从公元1405年开始，郑和第一次奉命出海，首次出去带领的船队规模就达到了200余艘，这些船根据规模、作用和载重的不同分为五种类型，其中最大的船只被称为"宝船"，长度为151米，宽度为60米，这是当时世界上最大的帆船，能够承载的重量高达800吨，能够同时容纳上千人，而这种"宝船"在船队中就有60多艘，占到了三成以上的比例，此外船队中还有马船、粮船、坐船、和战船，每一种都在船队中承担着不同的作用。

《顺风相送》是一部航海科普类的手抄孤本书，据说是郑和下西洋的水师所著，其后广为航海商旅手抄备用，迄今仅英国牛津收藏的孤本存世。

本书是目前已知世界上最早记载钓鱼岛的海道针经。海道真经又称针路，是明代航海导航手册，包括每一条航线的罗盘导航、天文导航和地文、水文记录。

《徐霞客游记》是明代地理学家徐霞客创作的一部散文游记，成书于1642年。明末徐霞客经34年旅行，写有天台山、雁荡山、黄山、庐山等名山游记17篇和《浙游日记》《江右游日记》《楚游日记》《粤西游日记》《黔游日记》《滇游日记》等著作，除佚散者外，遗有60余万字游记资料。

本书是系统考察中国地貌地质的开山之作，同时也描绘了中国大好河山的风景资源，此外优美的文字也使之成为文学佳作，在地理学和文学上都有着重要的价值。

工

明末民间光学仪器制造家孙云球制造放大镜、显微镜、眼镜等多种光学仪器。孙云球在制作实践和科学研究的基础上写了《镜史》。本书主要是在制作实践和科学研究的基础上编著的一本眼镜制作方面的专著。

世界上第一口油井是明朝建成的。1521年，四川嘉州建成明朝首个石油井。

活塞式风箱出现。活塞式风箱是我国古代鼓风技术的最高成就，因为这种鼓风方式可实现往返作用连续鼓风，风压大、效果好。17世纪，活塞式风箱用三冶铸。

1549年，明朝制造出水底雷，为世界上最早的水雷。

1567年，在宁国府太平县试行痘接种方法来预防天花疾病，后来这一方法传入欧洲。

1596年，明朝发明火爆法采矿技术。

1598年，明朝赵士桢创作《神器谱》，详细介绍了火器制造各个方面。

1635年，火器研究家毕懋康发明了燧发枪，配有火石打火装置，在雨雪天也能使用，这是中华武器史上的巨大飞跃。

学

绘制于14世纪的《白猿献三光图》，载有132幅云图，并与气候变化联系起来，绝大部分与现代气象学原理相一致。相比之下，欧洲要到公元1879年才出现只有16幅的云图。

明初，周王朱橚把四百余种植物种于府内，并让王府画工将植物绘图编制成书，名为《救荒本草》，对灾时济民很有帮助。《救荒本草》共记有植物414种，并详细描述了各种植物的形态、产地、生境、可食用部位和食用方法，是生物学历史上的重要书籍，亦是明朝农学上的一大突破。

世界上最大的方书是《普济方》。这部著作是明太祖第五子周定王主持，滕硕、刘醇等人执笔汇编而成。此书刊于1406年，初刻本今已散失。

明代杰出医药学家李时珍念本草一书历代注解者谬误亦多，遂考古证今，辨疑订误，广采博收群书，在宋代唐慎微《经史证类备急本草》基础上编成《本草纲目》。

该书刊行后，促进了本草学的进一步发展，倪朱谟的《本草汇言》、赵学敏的《本草纲目拾遗》、黄宫绣的《本草求真》等，均是在其学说启示下而著成的本草典籍。达尔文在其著作中亦多次引用《本草纲目》的资料，并称之为"古代中国百科全书"。英国李约瑟称赞李时珍为"药物学界中之王子"。该书为本草学集大成之作，刊行后，很快流传到朝鲜、日本等国，后又被译成日、朝、拉丁、英、法、德、俄等文字。

《算法统宗》，由明代数学家程大位所著，是一部应用数学书，书中列有595个应用题的数字计算，都不用筹算方法，而是用珠算演算。该书评述了珠算规则，完善了珠算口诀，确立了算盘用法，完成了由筹算到珠算的彻底转变。

该书对我国民间普及珠算和数学知识起到了很大的作用。明末，日本人毛利重能将《算法统宗》译成日文，开日本"和算"先河。清初，该书又传入朝鲜、东南亚和欧洲，成为东方古代数学的名著。

《武备志》是明代重要的军事著作，属于中国古代字数最多的一部综合性兵书。明朝茅元仪辑，240卷，文200余万字，图738幅。

本书的编辑、刊行，对改变明末重文轻武，武将多不知兵法韬略，武备废弛的状况有重要的现实意义。它设类详备，收辑甚全，是一部类似军事百科性的重要兵书。其中存录很多十分珍贵的资料，如《郑和航海图》、杂家阵图阵法和某些兵器，为他书罕载。故该书在军事史上占有较高地位，为后世所推重。

《天工开物》由明代著名科学家宋应星初刊于1637年（明崇祯十年丁丑），共三卷十八篇，全书收录了农业、手工业，诸如机械、砖瓦、陶瓷、硫磺、烛、造纸、兵器、火药、纺织、染色、制盐、采煤、榨油等生产技术。本书是世界上第一部关于农业和手工业生产的综合性著作，是中国古代一综合性的科学技术著作，有人也称它是一部百科全书式的著作

《农政全书》由明代著名科学家徐光启编撰，成书于明朝万历年间，内容基本上囊括了中国明代农业生产和百姓生活的各个方面，书中贯穿着一个基本思想，即徐光启的治国治民的"农政"思想。这成为《农政全书》不同于其他大型农书的特色之所在。

《温疫论》成书于1642年前后，由著名中医学家吴有性编撰。该书是中医温病学发展史上的标志性著作，是中医理论原创思维与临证实用新法结合的杰出体现，创立了表里九传辨证论治思维模式，创制了达原饮等治疗温疫的有效方剂，对后世温病学的形成与发展有深远影响。

《物理小识》由明末学者方以智编撰。全书十二卷，以科学知识的记录形式，涵盖了物理学、医学、哲学、地理学等方面的科学知识，内容丰富，具有极高的史

料价值。

礼

明代是中国传统时令年节的发展期，其主要特点是时令年节习俗脱离宗教迷信的笼罩，发展为礼仪性、娱乐性的文化活动。其中有的节气慢慢发展成了全民性的节日，如立春、冬至等。节日期间，自宫廷到民间，都有形式多样、内容丰富多采的活动内容，形成别具一格的社会风尚。

乐

明宗皇室世子朱载堉在世界上第一次正确地提出了十二平均律。十二平均律，又叫十二等程律，是在音乐里，将一组八度音分成十二个半音音程的律制。这个新颖的律制，是朱载堉以81档的超大算盘，采用领先当时世界的开立方计算方法艰难得出的。在世界音乐史上，十二平均律有跨时代的意义：千年来音乐里五度律和纯律不能返宫的难题，就此得到解决。音乐家的创作和现代音乐的发展，从此有了更广阔的平台。

后　记

　　"东风不与周郎便，铜雀春深锁二乔。"杜牧调侃赤壁之战，表达物是人非的沧桑。那现在的人调侃历史是因为什么？

　　《步步惊心》有一个耐人寻味的情节：穿越到清朝的女主在给八阿哥出主意时，让他留心四阿哥胤禛府上的邬思道，因为此人为四阿哥最终登上宝座的关键法宝，这显然是女主受历史剧《雍正王朝》影响的缘故。

　　把虚构的历史当真实，乃至把错误的历史看成真相，似乎是一种常见的现象，历史成了任人打扮的小姑娘。很多人尤其青少年容易被自己喜欢的历史剧、历史读物误导：穿越剧流行的时候，有的孩子甚至认为车祸等事故真能制造"穿越"机会；写后宫戏的网文总在写，"穿越"过去后即便不是公主贵族，也会过着白富美或高富帅的生活……

　　喜欢"穿越"的读者，应该渴望看到不一样的风景，领略不一样的文化，体验不一样的人生。可惜在绝大多数的"穿越"剧中，这类体验都被简化为经不起历史验证的服装道具化妆等背景；而在大部分类似的网文小说中，这类体验都被统一为杜撰历史的意淫故事。

　　有鉴于此，我想通过策划一套专门的丛书来纠纠这样的风气。但讲述真实尤其是普通人的历史会有人关心吗？毕竟《三国演义》的知名度和热销度都远胜于《三国志》。做既真实又能吸引读者的历史读物，要从什么角度入手呢？从本科到博士的专业背景以及多年从事文史书籍出版的工作经验都让我在不断思考：曾经灿烂辉煌的中华文明到底是什么样子？那些惊艳了千百年的历史文物能告诉我们吗？为什么我们现在需要而且能够拥有文化自信？

对每个中国读者而言，从诗经楚辞汉赋、唐诗宋词元曲、明清小说小品文中，一定感受到了历史的生命诗意；从老庄道学、孔孟儒学、魏晋玄学、隋唐佛学、宋明理学中，一定理解到了历史的思想智慧。或许还远不止于此，还有闻名遐迩的四大发明，浩如烟海的二十五史……而那些真实存在过、教科书却来不及讲述，如珍珠般遗失散落于典籍史海的古人日常生活，往往被弃之不顾或视而不见，但实际上正是这些珍珠串起了中华民族绚烂璀璨的日常生活文明史。

从日常生活的角度切入中国古代历史，这是本丛书选择的角度，也是体现普通人的历史视角。

不论时代如何变化，人们的日常生活无非是：衣、食、住、行、工（作）、学（习）、礼（仪）、（娱）乐，丛书即从这八个方面着手展开。概括一点来说，历史上古人的穿衣吃饭居住出行，展示的是不断进步的科技文明。当然工学礼乐也会跟科技相关，如医学工作的逐步细分体现了技术的不断进步，礼仪增加的仪式可能跟天文历法的新发现有关，娱乐活动的不断丰富是由新发明带动的。而它们更多地反映了延续千年的文化文明，虽然各朝代会有所区别，但更具有共性，中华民族正是依靠强大的文化惯性自强不息。

归纳起来，一部中国古代日常生活史，也是一部中华民族的古代科技文化史。

而这样的历史，在中小学生的课本里边，由于篇幅有限是无法展开描述的；即便走入大学阶段，如果不是专门学习历史专业，也难以接触到。因此我们把丛书定为："课本来不及告诉你的古代史"。

当然，相对于琐碎的日常生活，衣食住行工学礼乐还不足以概括全部，因此在具体组稿中，我们对内容进行了相近归类，例如把化妆归类到衣饰类，把一些特殊技艺归类到工作类。

丛书根据隋唐、两宋、元、明、清等历史时段，分五卷来呈现中国古代千余年的科技文化史。我们可以从"九天阊阖开宫殿，万国衣冠拜冕琉"领略盛唐气象，体验隋唐人的灿烂时光；从"烟柳画桥，风帘翠幕，参差十万人家……市列珠玑，户盈罗绮，竞豪奢"想象大宋风华，感受宋朝人的风雅岁月；从"定乾坤万国来降。谷丰登，民安乐，鼓腹讴唱"慨叹大元一统，体会元朝人的别样年华；从"三代八朝之古董，蛮夷闽貊之珍异，皆集焉……凡胭脂簪珥、牙尺剪刀，以至经典木鱼、伢儿嬉具之类，无不集"观看大明王朝之丰茂，走进明朝人的情调生活；从"座上珠玑昭日月，堂前黼黻焕烟霞"一窥大清朝的盛世韶华——虽是强弩之末却也集锦绣之最——一探清朝人的精致世界。

需要说明的是，在漫漫历史长河中，每个朝代都经历了兴衰荣辱。暂且把"衰"与"辱"留给史学家们去深沉思索，在这里，让我们感受每个王朝大一统后的繁华岁月，毕竟这些岁月里处处闪烁着科技文化之光，埋藏着我们至今仍引以为傲的宝贵财富。

为了准确和较为全面地呈现这段科技文化历史，我们延请的作者都是上述朝代历史的深耕细作者，也是历史文化普及者，尤其是考古专业出身的李云河老师等。他们通过一手发掘、鲜为人知的文物考古资料，别开生面地呈现那时那地那景，带你走进一个看似熟悉却又陌生的古代世界。丛书主编徐德亮先生，近些年一直身体力行进行传统文化的普及工作，以北大中文古典文献专业出身的深厚功底，对该书的内容进行了统筹和校正。另外，中国人民大学历史学院魏坚教授等老师，于柏川、杨宁波、武彤、兰博、曾天华等五位博士为本丛书内容的审定提供了专业帮助。特别感谢科技史专家戴吾三先生拨冗全力细心修订各卷"科技文化成就"部分，还有中央民族大学付爱民等老师、特邀编辑朱露茜等也为本丛书的出版做出了贡献。在此一并感谢！

我带领编辑团队成员——胡明、张强反复打磨稿件：为了确保稿件的原创性，我们采用最权威的论文查重系统对稿件进行检测；为统一讲故事的风格，针对五六位不同作者的差异表达，我们先后统稿三次；为了匹配与内容对应的精美插图，我们对图片进行了精挑细选；为了一个章节名，为了一句话的严谨表达……我们精益求精，前后用了一年多的时间完善策划、打磨稿件，只为了给读者带来非凡的视觉审美享受。为了加深读者对古人日常生活的体验感，我们还特地与西瓜视频的up主合作，在有的内容篇章加入短视频，增进身临其境之感。

除此之外，为了增进青少年对历史知识尤其是我国古代科技文化成就的了解，增强文化自信，我们在每卷后附加了两个材料：一是每个朝代纪元表，包括帝王名讳、生卒年、年号、主要历史贡献等；二是每个朝代的科技文化成就集锦以及向国外的传播史。希望青少年以此为基点，燃起科技与文化强国的兴趣和雄心！

从策划者的角度出发，我希望这套丛书不只是青少年会喜欢，父母和孩子也可以体验亲子阅读，共同感受我国科技文化之强之美。

习近平总书记在党的十九大报告中指出："文化是一个国家、一个民族的灵魂。文化兴国运兴，文化强民族强。没有高度的文化自信，没有文化的繁荣兴盛，就没有中华民族伟大复兴。"

"吴宫花草埋幽径，晋代衣冠成古丘。"虽然唐宗宋祖、一代天骄的风流已被风吹雨打去，支撑帝王将相丰功伟业的无数民众业已湮没无闻，但是他们创造的历史文化，发明的科技神奇，却深深地融入了中华现代文明的血脉，化作我们继续前行的动力，生生不息！

策划人：李满意

2021年6月1日